시와
심리학이
만나다

시와 심리학이 만나다

초판 1쇄 발행 2023년 11월 30일

지은이 이재연, 조주희
펴낸이 장길수
펴낸곳 지식과감성#
출판등록 제2012-000081호

교정 이주연
디자인 서혜인
편집 서혜인, 김초롱
검수 이주희, 이현
마케팅 김윤길, 정은혜

주소 서울시 금천구 벚꽃로298 대륭포스트타워6차 1212호
전화 070-4651-3730~4
팩스 070-4325-7006
이메일 ksbookup@naver.com
홈페이지 www.knsbookup.com

ISBN 979-11-392-1446-8(03180)
값 16,000원

• 이 책의 판권은 지은이에게 있습니다.
• 이 책 내용의 전부 또는 일부를 재사용하려면 반드시 지은이의 서면 동의를 받아야 합니다.
• 잘못된 책은 구입하신 곳에서 바꾸어 드립니다.

지식과감성#
홈페이지 바로가기

시와
심리학이
만나다

이재연
조주희
공저

슬퍼하면서 아픈 마음을 밖으로 쏟아 내는 것은
스스로를 치유하는 것입니다

– 본문 중에서

목차

Prologue 6

1장 • 나에 대한 믿음이 흔들릴 때 9

2장 • 홀로 서야 할 때 31

3장 • 생각도 몸도 기지개를 켜고 일어나세요 55

4장 • 슬픔을 흘려보내요 73

5장 • 글자의 나무 밑에 앉으세요 91

6장 • 회복의 첫발을 내딛는 당신에게 111

Epilogue 131

Prologue

오늘을 살기로 했다

오지 않은 내일의 선부른 기우에
오늘이 아프지 않기로 했다

오늘을 살기로 했다

오지 않은 내일의 행복을 담보로
오늘이 슬프지 않기로 했다

매일 나에게 찾아오는 다양한 감정과 머릿속 의도와는 상관없이 떠오르는 많은 생각들을 심리학의 지혜와 진솔한 시에 담았습니다. 이 책을 읽는 모든 분들이 오늘의 허기져 있는 마음을 온전히 채울 수 있는 희망과 만나기를 바랍니다.

새는 꽃을 따려는 게 아니라 꽃의 마음을 열고 싶어 하듯이 강물처럼 흐르는 슬픔을 끊어 내고 극도로 지쳐 있는 심신을 녹이는 글을 읽으며, 까닭 없이 세상에 도착하는 건 없다는 것과 나 자신이 세상에서 가장 소중하다는 것을 깨달으면 좋겠습니다.

　나에 대한 믿음이 흔들리는 이들에게는 홀로 설 수 있는 용기로 어두운 슬픔에 잠겨 있는 이들에게는 생각도 몸도 기지개를 켜고 일어나 슬픔을 흘려보낼 수 있는 단단함으로 글자의 나무 밑에 서서 회복의 첫발을 내딛게 되기를 간절히 소망합니다.

이재연, 조주희

1장

나에 대한 믿음이 흔들릴 때

시간의 흐름에 저항하지 않고
한 잎, 한 잎
나를 가꾸는 봄날의 정원사가 되게 하소서.

1

시간의 흐름에 저항하지 않고
한 잎, 한 잎
나를 가꾸는 봄날의 정원사가 되게 하소서

검고 숱 많던 머리카락에
어느새
하얀 가루들이 소복이 내려앉고
정수리에 붉은 속살이 드러나더라도

세월의 흔적에 흔들리지 않고
아끼고 아끼는 가장 좋은 것을
만나러 가는 설레임으로
나를 가꾸는 봄날의 정원사가 되게 하소서

"뭔가 해 놓은 게 없는데…. 시간이 너무 빨리 지나가서 불안하네요."

"사실 저도 문득 뒤돌아볼 때, 불안을 향해 줄달음쳐 내려가고 있다는 것을 느낍니다. 온갖 생각들이 스쳐 지나갑니다. 결국 합리화해 봅니다. 내 삶에 나처럼 잘 어울리는 사람은 흔치 않다고 결론 내립니다. 툭툭 털고 일어나 다시 내 삶을 보면 같은 삶인데도 다르게 보입니다."

타인과 나의 흐르는 시간이 다른 게 틀림없는 것 같습니다.

세상은 여전히 바빠 보이고, 다리 위로는 차들이 빠르게 달립니다. 시야가 닿는 곳마다 빠른 속도뿐입니다. 그럴수록 나를 바라보면 너무 느려 보이고 계절도 다르고, 뭔가 불만스럽습니다. 눈을 어디에 둬야 제대로 읽을 수 있을까요?

넓지 않은 삶의 영역과 깊지 않은 생각의 흐름에 어느 것이 더 빠르게 달리는지 키를 재고 있는 내 모습을 발견하게 됩니다.

독일 노년학센터(German Centre of Gerontology) 연구진은 독일에 거주하는 40세 이상 5,039명의 성인을 3년간 추적조사한 데이터 분석 결과를, 미국 심리학회에서 발간하는 심리학과 노화(Psychology and Aging)에 발표하였습니다.

이 연구 결과에서, 스스로 생각하는 주관적인 나이는 삶에서 받을 수 있는 불안과 스트레스에 완충 작용을 하는 것으로 드러났습니다. 즉, 삶을 긍정적으로 바라볼수록 스트레스가 줄어들고, 기능적 건강 손실을 막을 수 있는 것으로 나타났습니다. 반대로 젊다는 지각이 낮은 참가자일수록 스트레스를 더 많이 받았고, 이들은 기능적 건강이 급격히 감소하는 것을 경험했습니다.

긍정적인 생각을 습관적으로 하는 사람일수록 심혈관계 질환의 위험이 떨어질 뿐 아니라, 기억력 감퇴가 더디게 진행된다는 것 또한 다양한 연구 결과로 알 수 있습니다.

생각만 바꿔도 마음이 조금씩 가벼워지고 평온이 온몸을 감쌉니다. 가슴에는 근원 모를 긍정이 조금씩 차오르기도 합니다. 초봄의 햇살이 나풀나풀 내려앉아 마음의 주변을 금빛으로 입히고, 생각에도 금빛 한 가닥 들어앉게 됩니다. 가장 좋은 것을 아끼고 아끼다가 맨 나중에 보러 가는 마음처럼 매일 새로운 생각을 만나려고 노력해야 합니다.

종이 위에 내려놓은 마음
터지지 않던 숨이 흐르고
뼈마디에 각인된 고통이
길을 따라 떠난다

연필 한 자루 잡았을 뿐인데
멀리 도망갔던 마음이
소망 한 자락 얹어
내게 와 말을 건다

"너무 불안이 심해서 운동하지도 못할 때 할 수 있는 게 있을까요?"

"동적인 활동이 힘들면 정적인 방법도 있습니다. 바로 '쓰기 치료'입니다."

마음이 약해질 때, 글 읽기보다 더 강력한 방패는 글쓰기입니다.

불안은 점점 키가 높아지면, 순간적으로 창날에 꿰인 것 같은 통증을 느낍니다. 헐떡거리는 숨을 다스리기도 전에 괴로움과 쇠약함의 아가리 속으로 빨려 들어가는 두려움에 사로잡히게 됩니다. 어제보다 허리가 더 고부라지고 걸음은 훨씬 못해지고, 가슴의 우물은 메말라 가며 생각의 나무는 말라비틀어져 갑니다. 그러한 상태에서도 꾸역꾸역 글을 쓰며 감정의 조각을 맞추다 보면 마음속에 여전히 남아 있는 온기를 발견하고, 소망 한 자락을 마음에 얹을 수 있습니다.

   내가 느끼는 감정을 그대로 글로 적어 보면, 바둑 복기하듯 마음을 되돌아볼 수 있습니다. 있는 그대로 감정을 구체적으로 적어 내려가는 것만으로도 내 마음과 마주 볼 수 있는 시간을 가질 수 있게 됩니다. 외부에서 다가오는 불안한 감정과 싸우기만 했지 정작 어떤 마음으로 살아가고 있는지 궁금해 본 적이 없습니다. 가장 중요한 내 마음을 외면하고 무시하면서 회피하기 때문에 불안은 의기양양해지는 것입니다.

   내 마음의 흐름은 모른 채 불안의 손만 잡고 있다면, 그 손을 뿌리치기가 점점 어려워집니다. 나와 내 감정의 관계는 하늘과 땅 사이만큼 아득해집니다. 하지만 습관에 가까운 시선으로 매일 마음을 바라보다 보면 깜짝 놀라게 될 것입니다. '괴롭다'라는 글에 '그럼 왜 괴롭고 어떻게 괴롭지?'라는 감정으로 옮겨 가고, '이유 없이 괴롭다'라는 글에 정말 아무 이유가 없는지 스스로에게 자문하게 됩니다.

   불안한 감정에 사로잡히면, 자신도 모르게 억지로 스스로 어두운 느낌의 끝자락까지 몰아붙이는 강압적인 모습으로 변화합니다. 감정, 그 자체가 뜨거움을 낮추고 이성과 손을 맞잡을 시간을 주지 못하는 악순환에 빠지지 않도록 날씨를 기록하듯 휴대폰 달력에 스케줄 기록하듯 간단히 메모만 해도 한 주간 감정의 리듬을 알 수 있고, 한 달 혹은 일년 전체의 감정의 흐름을 파악할 수도 있습니다. 내가 원치 않는 감정과 함께하지 않도록 밥 먹듯 적어야 합니다.

　자꾸 쓰다 보면 길게 할 이야기가 아닌데, 머릿속 가득 '불안'이라는 옷을 입고 들어차 있었다는 것을 확신하게 됩니다. 글 속으로 들어가 본 경험, 딱 그만큼의 견디는 힘이 생깁니다. 그 힘은 내 몸과 정신이 가진 능력을 가감 없이 확인할 수 있게 도와줍니다.

북 치듯 지붕을 두드리는 가을비에
찾아드는 쓸쓸함

돌덩이처럼 무거워진 가슴에
엉켜 버린 불편함

열린 문과 틈으로 들어가

어두운 기억과 감정에
박혀 있던 못들을 빼내고

처음 고운 옷을 입은 잎새처럼
다시 태어나고 싶다

"부정적인 생각이 끊이지 않아요. 상담을 받아야 하는지도 잘 모르 겠어요."

"힘든 생각과 감정은 혼자서 감당하기에 버거울 수 있습니다. 누군가와 공유할 수 있으면 무거운 생각과 감정의 정도와 깊이는 옅어지게 됩니다."

무거운 내용을 가족과 친구들에게 나눠서 풀리면 좋겠지만, 혹시라도 부정적인 반응이 돌아온다면 관계가 틀어지고 지금보다 더 힘들어지는 상황에 빠지기 쉽습니다. 가까운 사람이라면 나의 문제를 '귀담아 들어 주고 이해해 주겠지'라는 희망을 움켜쥐려 애써 봐도 대화를 시작하면 모래알처럼 빠져나가 버립니다.

심리학에는 '친밀 소통 편향(closeness-communication bias)'이라는 용어가 있습니다.

상대가 나를 잘 알고 가깝다는 이유로 내가 하는 말을 잘 이해해 줄 것이라는 과도한 편향적 기대를 말합니다. 가족이나 친한 친구일수록 놀랍게도 대충 듣고 대충 이해하는 모습이 바로 여기에 해당합니다.

심지어 힘든 마음을 가족이나 친밀도가 높은 지인에게 털어놓는 것보다 심리적 거리가 먼 사람에게 마음을 전달하는 경향까지 보였습니다. 그 이유는 가까운 사람일수록 비판하고 무시하고 과잉 반응을 보이는 것에 불편한 경험을 해 왔기 때문이었습니다. 이러한 이유로 상담사에게 찾아가 내 마음을 표현하고 상담을 받는 심리는 가족보다 '덜 불편함'을 가지기 때문입니다.

가슴에 돌덩이 같은 무게감을 느낀다면, 상담사를 만나서 이전에 불편했던 기억과 감정을 장면 장면마다 날배추처럼 싱싱하게 묘사하며 이야기를 나누다 보면 불분명하던 칙칙한 감정도 맑아지고 선명해질 것입니다. 스마트폰을 붙들고 사람이 아닌 SNS로 아무리 대화하고 소통해 보려 해도 짧은 문자나 이모티콘 정도로는 서로의 감정을 세밀하게 읽고 공감하기는 쉽지 않습니다.

뾰족한 나를 깎고 해진 마음 기워 입으려면 상담이 좋은 해답입니다.

침묵과 꽤 오래 친구로 지내다 보면, 뜻밖의 대화 상대가 찾아와도 마음속까지 들어올 만한 문과 틈이 없어서 상대도 나도 화들짝 놀라 비에 젖은 아궁이처럼 목이 매캐해져 더더욱 마음의 소리를 잊어버리게 됩니다. 탈출구에서 빠져나오는 방법은 생각보다 단순합니다. 덜 불편한 사람이 있다면 좋고, 없다면 상담 센터에 방문해서 자주 상담을 통해 온전히 들어 주고 공감해 주고 이해를 받는 경험을 해 보는 것입니다.

눈을 뜨기 힘든 아침,
숨 가쁜 시작 앞에
너는 나를 기다리고 있다

몸을 일으켜
숨을 고르고
너를 뒤로한 채
걷고 또 걷는다

"불안증 약을 먹은 지 오래되었어요. 이젠 지쳤습니다. 아무도 만나기 싫고 너무 힘들어요."

"병적인 불안은 의지가 아닌 기능의 문제입니다."

모든 사람은 불안을 가지고 있습니다.

정상 범주 안에 있는 불안과 달리 병적인 불안은 일상적인 기능에 어려움을 발생시킵니다. 이로 인한 고통이 너무 싫어서 불안을 피하고 싶어 한다면 분명 병적인 불안인 것입니다. 일부러 불안을 즐기는 사람도 있습니다. 스포츠 중에 '익스트림 스포츠(extreme sports)'라는 게임이 있습니다. 신체 부상이나 생명의 위험을 무릅쓰고 스피드와 스릴을 만끽하는 스포츠를 말합니다.

이런 스포츠를 즐기는 사람들은 극도의 불안한 장소에서 불안한 행동을 하지만 고통을 느끼기보다는 오히려 즐거움을 느낍니다. 그 이유는 바로 일상생활에서의 '기능'이 문제가 없기 때문입니다. 두려움이 생겼을 때 회피하는 경험이 쌓이게 되면 이전보다 두려움을 잘 느끼는 사람이 됩니다. 아침에 눈을 뜨고 밖으로 나가서 일상적인 생활을 경험할 수 있는 상황 자체를 피하는 것을 심리학에서는 '경험 회피(experiential avoidance)'라고 부릅니다.

이런 경험 회피에서 벗어날 수 있는 방법은 무엇일까요?

말 그대로 '경험을 직면'하는 것입니다. 아주 작은 성공 경험의 기회를 자주 가지는 것입니다. 집에서 밖으로 나가 단 10분이라도 운동을 하고 들어오는 것부터 성공 경험을 쌓아 나가야 합니다. 그러기 위해서는 제일 먼저 벗어나야 하는 관계가 있습니다. 바로 자기 자신과의 관계입니다. 감당할 수 없다고 생각하는 그 생각은 '나 스스로'만의 단독적인 판단에 불과합니다.

2021년 스웨덴 룬드대학교 실험의학부 마르티나 스벤손 박사팀은 장거리 크로스컨트리 스키 선수를 동일한 성별 및 연령대 일반인 총 39만 5,369명과 비교해 최대 21년까지 추적 관찰 한 결과를 정신의학회지(Frontiers in Psychiatry)에 발표했습니다.

비교 결과, 운동 성과 수준과 불안 발병 위험 사이에서 남녀 간 눈에 띄는 차이를 발견했습니다. 남성과 달리 여성의 경우, 운동량이 많은 여성은 낮은 여성에 비해 불안 발병 위험이 두 배나 낮았습니다. 이렇게 남녀 사이에 차이는 있지만, 신체 활동으로 얻는 정신적 이익은 남녀 모두에게 나타났다는 것이 중요한 사실입니다.

불안은 신체와 관련이 깊습니다. 불안이 오면 우리 몸은 전시 상황과 비슷해집니다. 호흡이 빨라지고 소화나 휴식이 일시적으로 억제됩니다. 이렇게 온몸으로 보내는 위험 신호로 몸은 점점 굳어져 가는 것입니다. 지나치게 민감해지고 굳어져 가는 몸은 불안이 더 가중되어 악순환에 빠지게 됩니다. 이런 악순환에서 벗어나는 길은 몸을 일으켜서 움직이는 일입니다. 너무 늦지 않게 지금부터라도 매일 조금씩 운동을 시작해야 합니다.

밤새 내리는 비에
덜커덩 가슴을
짓누르는 이름

검은 복면을 쓰고
이곳저곳에 퍼지는
전염병 같은 이름

부르지 않은 그 이름이
흔들리는 가슴에
못질하지 않도록

봄을 품은 너의 행복을 커닝한다

"행복해질 수 있을까요? 그냥 이렇게 계속 불행할 것 같아요."

"이 느낌에서 벗어날 수 있는 은밀한 힌트를 드리자면, 커닝을 하세요. 사람도 책도 들추고 헤쳐서 커닝하세요."

봄이 올 기미가 보이지 않을 때는 봄을 품고 살아가는 사람들의 답안지를 커닝해도 무방합니다. 남의 것을 훔쳐보고 아무리 표절을 해도 유일하게 불법이 아닌 경우가 있습니다. 바로 타인의 행복을 커닝하고 베끼는 것이고 훔치는 것입니다. 삶에서 어렵게 출제된 시험에 고득점을 맞은 이들의 삶은 모범 답안이기 때문에 참고서처럼 여기며 살아야 합니다. 시인의 시가 그렇고 악몽의 최면에서 깨어날 수 있도록 맑은 정신을 부어 주는 글귀가 그렇습니다.

2021년 노스웨스턴대학교 연구팀은 〈긍정적인 생각은 건강한 정신 상태를 이끌어 낸다〉는 논문을 미국 심리과학회지에 발표했습니다. 이 논문에서는 991명의 참가자를 대상으로 긍정적인 생각을 많이 한 참가자일수록 9년 후 기억력 감퇴가 지연되는 경향성을 보였고, 대인 관계에 있어서도 더 원만한 생활을 하는 것으로 드러났습니다.
기억력 감퇴나 치매에도 덜 걸리는 것으로 나타났습니다.
너무 많은 사건 사고와 관련된 뉴스로 인해 본능적으로 부정적 정보에 민감한 부정 편향을 한다고 해도 의식적으로 긍정적인 생각을 하려는 습관 형성이 중요하다는 것을 증명했습니다.

생각을 속박하는 우울.
희망을 목 조르는 현실.

불행에 나의 온 생각이 정조준하고 있다면 어떠한 희망의 빛도 소용이 없게 됩니다. 절망 풍조가 생각 이곳저곳에 전염병처럼 퍼지지 않도록 막아야 합니다. 누군가는 한 걸음 두 걸음 발길을 옮길 때마다 악취가 진동하는 사람이 있고 서 있는 그 자리에서도 향기를 풍기는 사람이 있습니다. 내 안에서 풍기는 악취는 바로 나 자신이 우울한 생각의 가래침을 뱉은 것에서 형성된 것입니다. 냉정할 정도로 스스로를 향한 부정적인 독촉 같은 생각과 감정은 모두 막아 내기 위해서라도 책을 펼치고 얼룩진 마음을 씻어 내야 합니다.

달아난 생각과 마음

솥뚜껑이 자라가 되고,
어두운 골목의 저벅거림이
강도의 발걸음이 되고,
작은 불씨가 큰 산불이 되네

빼앗긴 생각과 마음

다그치는 누군가의 목소리가 들어앉아,
되돌릴 수 없는 막다른 곳에서
두려움과 외로움의 비에 젖네

"혼자라는 생각… 뭔가 부족하다는 생각이 들면 남들과 비교하면서 외롭다는 생각을 넘어서서 과하게 불안하고 두려움을 느껴요."

"불안함에 눈이 가리어져서 현실을 제대로 바라보지 못하게 되면 두려워지게 됩니다. 불안한 마음은 현실과 지금을 있는 그대로 바라보지 못하게 합니다."

생존을 위협할 수 있는 최악의 상황을 예측하고 대비하기 위해서 자연스럽게 생기는 본능이 바로 불안입니다. 이러한 이유로 불안이라는 감정은 지금의 상황을 더 나쁜 길로 더 위험한 방향으로만 분석하고 해석하게 만들어 버립니다.

불안은 앞뒤 상황과 합리적인 현실을 재고 따질 만한 생각과 마음의 여유를 빼앗아 갑니다. 항상 사소한 상황을 큰 두려움으로 왜곡시킵니다. 작은 두려움은 큰 불안을 불러일으키고, 큰 불안은 두려움을 계속해서 확신하며 악순환으로 급하게 달음질치게 만듭니다.

1960년대 미국 심리학자 아론 백(Aaron Beck)이 고안한 '인지 치료'에서는 인간의 두 가지 욕구를 강조합니다. 바로 '사랑 욕구'와 '인정 욕구'입니다. 이 두 가지는 태어나면서 살아가는 생존 욕구와 관계가 깊습니다. 우리는 누구나 사랑과 인정 앞에서 본능적인 갈증을 느낍니다. 사랑받지 못하고 인정받지 못하는 마음은 사막처럼 메말라 갈 수밖에 없습니다.

하루하루 삶 속에서 불안함과 마주칠 때마다 불안해하는 나 자신을 인정하고 허락해 주어야 합니다. 내 안에 있는 지금의 감정을 인정해야 그다음 단계로 휘말려 들어가지 않습니다. 내 감정을 인정하지 않으려고 하면 할수록 그다음 더 큰 부정적인 감정을 만나야 하고, 그러면서 되돌릴 수 없는 곳까지 다다른 자신을 발견하게 됩니다. 그곳에서 혼자 외로움과 두려움을 온전히 비 맞듯 맞아야 합니다.

외로움과 두려움의 본능적인 악순환에서 벗어나기 위해서 의식적으로 현실을 붙잡는다는 것은 생각처럼 쉽지 않습니다. 자기 자신과의 대면에서 우뚝 마주 서서 왜곡된 시야와 생각을 바로잡는 경험적 훈련이 필요합니다.

만 가지 생각이 스쳐 간다
지나간 시간에 생각을 빼앗기지 않아야지

12월
열심히 그린 한 해의 그림을 멈추는 시간

다가올 내일에 대한 두려움과 기대
오지 않은 시간에 마음을 빼앗기지 않아야지

1월
내년이라는 새로운 그림을 그리는 시간

이 두 시간의 틈을 글자로 채우고
삶의 시계를 긍정으로 옮기는 중이다

"연말마다 이유도 없이 우울하고 불안해요. 이것도 무슨 심리적 이유가 있나요?"

"시간의 경계선에 서 있어서 그렇습니다. 한 해의 문을 닫고 여는 세리머니와 같습니다."

12월과 1월 사이는 늘 그렇습니다.

작별을 준비하는 일몰의 고요함입니다. 또 한 번도 써 본 적 없는 시를 읽는 마음 같은 불안입니다. 정지된 시간들 속에서 이러지도 저러지도 못하는 사이의 시간입니다. 나는 그 자리인데 달력의 날짜들만 옷부터 갈아입는 서운한 날들이기도 합니다. 그럼에도 불구하고 다정한 고요에서 기대감 넘치는 쪽으로 이동할 수 있어야 합니다.

열심히 그린 한 해의 그림을 멈추는 일은 우울한 일이고, 내년이라는 새로운 그림을 그리는 일은 불안한 일입니다. 우울의 궤적이 길어지지 않도록 불안의 눈금자가 늘어지지 않도록 틈 같은 시간을 글자로 채우면 좋습니다. 일일이 사람들 어깨에 떨어지는 비처럼 모든 감정을 받아들이느라 생각을 외롭게 둬서는 안 됩니다.
토닥토닥…. 책에서 온 글자가 여러 감정을 쓸어 낼 수 있는 시간을 가져야 합니다.

멈춰 버린 시계를 되돌릴 수는 없습니다. 활기, 열정, 미래, 의지…. 힘을 북돋아 주는 글자를 자주 만나야 마음에 빛을 되찾아 줄 수 있습니다. 과거는 있는 그대로 포장이 되겠지만, 생각은 변색도 변형도 가능합니다. 생각에 긁히고 마음에 흔들리면서 우울로 왜곡되는 것처럼, 언 땅이 녹고 구름이 걷히듯 생각도 마음도 흑백에서 컬러로 조율이 가능합니다. 해묵은 마음을 떨쳐 버리고 밖으로 걸어 나와 삶의 시계를 부정에서 긍정으로 옮겨야 합니다. 글자의 도움을 받아 한 걸음 한 걸음 내디딜 때마다 새로운 생각이 열릴 것입니다.

2장

홀로 서야 할 때

"그래서 그랬구나."
"많이 힘들었겠구나."
"지금 나는 괜찮아."

어떤 위로보다
깊은 안식의 언어.

2

오늘을 살기로 했다

오지 않은 내일의 섣부른 기우에
오늘이 아프지 않기로 했다

오늘을 살기로 했다

오지 않은 내일의 행복을 담보로
오늘이 슬프지 않기로 했다

"남편이 맨날 돈, 돈 해서 너무 힘드네요. 그리고 걱정도 많고 불안이 너무 높은 거 같아요."

"돈은 불안과 관련이 있습니다. 또 불안은 미래와 연결되어 있는 심리적 문제입니다."

많은 손길을 받아 온 돈은 닳고 닳아 시간이 뚜렷하게 새겨져 있습니다. 돈을 통해 오늘을 비춰 내일을 살아갈 지혜를 얻을 수 있습니다. 적절한 불안은 소망이 있다는 것이고 지키고 싶은 것이 있다는 반증이지만 문제는 과도함에 존재합니다.

과도한 걱정(excessive worry)은 신체 증상으로 쉽게 전이가 됩니다. 불안하고 초조해서 집중이 안 되고, 쉽게 짜증도 납니다. 근육은 늘 긴장해서 쉽게 피곤하고 수면 문제는 달고 살게 됩니다. 소화는 늘 불량입니다. 이러다 보니 과도한 걱정도 걱정이지만 신체 문제가 더 큰 문제가 되어 버립니다.

미국 조지아대학교와 서던 캘리포니아대학교 공동 연구팀이 금전적 스트레스와 같은 사회적 요인이 통증에 만성적으로 미치는 영향을 확인한 연구를 국제 학술지 《스트레스와 건강(Stress & Health)》에 발표했습니다.

연구 결과, 재정적 스트레스는 통제감(sense of control)을 고갈시키는 것으로 나타났습니다. 특히 중년기에 겪은 재정적 스트레스는 30년 후에 심혈관 질환이나 신체적 통증과 관련한 육체적 통증에 훨씬 높은 영향을 미칠 것으로 나타났습니다.

심리학에서는 '램프 증후군'이라고 하고, 정신의학에서는 '범불안 장애'라고 하는 용어가 있습니다.

중동의 민화를 모아 놓은 《천일야화》의 이야기 중 하나인 〈알라딘과 요술램프〉에서 유래한 용어입니다. 실제로는 일어날 가능성이 없는 일을 마치 요술 램프의 요정 지니를 불러내듯 수시로 꺼내 보면서 걱정하는 현상을 말합니다. 돈 걱정이나 다른 걱정거리를 가지고 와서 하염없이 불안해하고 있는 것입니다.

이렇게 불안해하는 사람은 현재의 삶을 사는 것이 아니라 미래로 달려가 불안해하고 걱정하고 있는 것입니다. 이 사람을 간신히 현실로 데리고 와서 착지를 시켜도 또 다른 걱정거리를 스멀스멀하기 시작합니다. 겨우 안정이 될라치면 걱정을 꼬리에 꼬리를 물며 만들어 내는 모습을 가리켜서 범불안 장애라고 부르는 것입니다.

불안과 걱정이 많은 이들에게 많이 사용하는 치료법에는 세 가지가 있습니다. 하나는 걱정 사고 기록지, 다른 하나는 심상 노출 기법입니다. 마지막으로 걱정 시간 정하기입니다.

걱정 사고 기록지는 자신의 걱정을 기록해 보고 직접 자기 눈으로 객관적으로 보면서 걱정에 대한 자신의 잘못된 판단을 재평가해 보는 방법입니다. 심상 노출 기법은 걱정을 회피하거나 조절하려고 하기보다는 오히려 더 생생하게 머릿속에 영상을 틀어서 떠올려 보는 것입니다. 떠올린 걱정과 불안에 점차 적응해 나가는 기법입니다. 걱정 시간 정하기는 하루에 걱정할 시간을 정해 두고 그 시간에 마음껏 걱정하는 것입니다. 예를 들면, 저녁 7시에서 8시까지 한 시간 동안은 아무것도 하지 않고 자신이 가지고 있는 걱정을 마음껏 이 시간에 하는 것입니다. 이렇게 정해진 시간에만 걱정하게 되면 나머지 시간을 걱정에서 벗어나도록 만들 수 있습니다.

가족 중에 과도한 걱정이 심해서 다른 이들을 힘들게 만든다면, 적절한 도움을 줄 수 있는 관계부터 만들어야 합니다. 이야기를 전달할 수 있는 관계가 만들어진 후 위에 설명한 방법들을 공유해 보아야 합니다. 범불안 장애나 램프 증후군은 어쩔 수 없는 증상이 아니라 분명히 도움을 줄 수 있는 심리적 문제라는 것을 알아야 합니다.

희뿌연 안개가 걷히면
잃었던 길을 찾을 수 있겠지?

복잡하게 옭매인 사슬이 풀리면
잃었던 나를 만날 수 있겠지?

매일 조금씩 마음의 근육을 늘려 간다면
나를 보살피고 지켜 주는
내 편이 될 수 있겠지?

"늘 불안이 가득하네요. 좋은 날에는 좋은 날이 계속되지 않을 것 같아서 불안해지고 나 자신을 깎아내리며 원래 이런 인간이야 하면서 자신을 아프게 하네요."

"결국 문제는 행복이나 불행 그 자체가 아니라 그 상황을 해석하는 나 자신입니다."

막연하게 무작정 괜찮다며 상황을 회피하지 말고, 자기 자신을 복잡한 사슬처럼 옭아매고 있는 생각과 감정을 기록해 봐야 합니다. 기록해 놓은 그 감정들을 바라보면서 직면해야 합니다. 삶에서 가장 중요한 원칙을 기억해야 합니다. 상대방의 감정은 '절대로' 내 마음대로 되지 않지만, 내 감정은 내 마음대로 변화시킬 수 있다는 것입니다.

자신을 괴롭히는 증상의 뿌리를 찾는 일은 나를 가로막고 있는 희뿌연 안개를 조금씩 벗겨 내는 과정입니다. 안개가 걷히면, 비로소 내가 나아가야 할 길의 이정표가 드러나게 됩니다. 안갯속에서 길을 찾았다면 그다음에 해야 할 것은 내 안의 건강한 부분을 가려서 조금씩 키워 주는 일입니다.

마라토너들은 마라톤을 준비할 때 절대로 한 번에 42.195km를 뛰지 않습니다.
조금씩 늘려 가면서 최종 거리를 안정되고 빠르게 도착할 수 있는 몸에 근육을 만들어 갑니다. 이처럼 내 감정을 건강하게 회복하기 위해서 마음 근육을 만들 때도 매일 조금씩 늘려 가는 반복적인 연습이 필요합니다. 작은 것들부터 조금씩 연습하며 늘려 가는 것이 모든 일에서 '정도(right way)'입니다.

오랜 기간에 걸쳐 형성되어 온 나의 생각과 감정의 그릇(schema)과 행동의 틀(frame)을 바꾸기 위해서는 자신에게 긴 호흡을 가지고 접근해야 합니다. '당장' 해결하고 싶고, '쉽게' 이겨 내고 싶고, '빨리' 벗어나고 싶은 마음이 있다면, 늘 그 마음은 실패하게 되고, 부정적인 감정이 풍선처럼 커질 수밖에 없습니다.

성인이 된 지금 '나'를 보살피고 지켜 주는 존재는 '나 스스로'가 되어야 합니다.

삶에서 나의 바람만큼 내 편이 되어 줄 수 있는 사람은 적거나 없습니다. 적어도 내 편이 되어 줄 수 있는 유일하면서 확실한 존재는 나 자신입니다. 이런 생각의 지점에 도달하게 되면 분명 삶을 바라보는 관점과 마음은 훨씬 편안하게 될 것입니다.

어두운 마음이 밤이 되어 두려울 때
너는
이별 없는 밤하늘의
눈부신 별처럼
나에게 찾아왔지

오랜 비로 흠뻑 젖어 외로울 때
너는
젖은 빨래를 말리는
따스한 바람처럼
나에게 찾아왔지

그런
너의 이름을 부를 때
나의 입가에
걸리는 미소
나의 표정에
걸리는 꽃다발

"살면서 너무 많은 친구가 필요 없다는 말에 큰 위로가 되었습니다."

"만날 때마다 내 눈을 환하게 씻어 주는 친구가 있어야 합니다. 나 자신이 좋은 사람이어야 하지만 단 한 명의 좋은 친구를 찾는 일도 중요합니다."

만날 때마다 더 낮게 고개 숙이는 사람을 만나야 합니다. 낮아질수록 높아진다는 것을 아는 사람이기에 그런 사람 한 사람이면 충분합니다. 그 한 사람은 100명의 빈 강정같이, 친구인 척하는 친구보다 귀한 존재입니다.

자주 만나야 하는 존재가 나에게 미치는 영향은 어마어마합니다.

그가 웃으면 이유 없이 웃게 되고, 그가 울면 따라서 울게 되는 것이 본능입니다. 이것을 심리학에서는 거울 신경 효과(mirror neuron effect)라고 합니다. 거울 신경은 이탈리아의 신경생리학자 리촐라티(Rizzolatti)가 1990년대에 처음 원숭이의 전두엽에서 발견했습니다. 견디기 힘든 친구를 곁에 둔다는 것은 매일같이 슬픔과 우울을 하늘이 쏟아 내는 상황과 같습니다.

친구는 시간의 문을 잡고 열고, 닫는 역할을 합니다.

아침을 열어 주고 하루를 닫아 주는 것도 친구가 하는 역할이기도 합니다. 가족이 서로 해 주지 못하는 일을 채워 주는 것이 친구입니다. 오랜 비를 감당하게 도와주고 우울감에 흠뻑 젖은 마음을 말려 주는 것도 가족이 아니라 친구가 도움을 주기도 합니다. 그래서 가족도 중요하지만, 친구도 중요합니다. 살면서 좋은 친구 한 명을 찾는 것은 기나긴 과정이고 삶의 큰 과업이기도 합니다.

소녀처럼 깔깔 웃으며 이야기꽃을 피울 수 있는 친구가 중요합니다.

좋은 친구와 대화를 하고 나면, 맑은 공기가 폐에 쌓였던 노폐물을 모두 걸러 내는 기분입니다. 가끔 뼛속까지 파고든 게으름이나 불편함을 이겨 내도록 도와주기도 합니다. 잔뜩 찌푸렸던 마음을 눈이 부실 정도로 파랗게 빛나게 하는 것이 좋은 친구의 역할입니다. 나도 그에게 그도 나에게, 서로에게 그런 존재여야 합니다.

위로하고자 하는 마음이
더 큰 상처가 되지 않도록

격려하는 말이
단지 자기만족이 되지 않도록

현실의 나를 지켜야 한다

내 마음을 가볍게 하기 위함이 아니라
부서진 마음을 맞춰 나가기 위해

오늘의 나와 만나야 한다

"세상에서 저 혼자⋯ 제일 힘들다고 느껴질 때가 있어요."

"꽃잎에 가슴이라도 베인 듯 눈물로 밤을 지새우는 이들은 넘쳐 납니다. 아픔이 문제가 아니라 회복력이 중요합니다."

    빛은 늘 등 뒤에 그림자를 감추고 오는 법입니다. 삶에서 기쁨만 넘칠 리는 없습니다. 삶의 길을 걸으며 한숨 하나 내려놓고 누군가의 지혜를 빌려 마음의 상처를 꿰맬 수 있는 사람이 주변에 없다면 마음을 치유하는 것은 불가능합니다. 이런 시간 속에서는 누구나 자신이 제일 아프고 슬프고 힘들다고 느끼게 됩니다.

　스스로를 도와줄 생각이 없는 게 아니라 도와줄 방법을 찾지 못해서 아픈 것입니다. 또한 치유되지 않는 고통도 분명히 존재합니다. 먼 미래에야 다를 수 있겠지만 많은 정신적 고통들은 짧은 시간에 끝나는 게 불가능합니다. 어떠한 위로도, 수많은 격려도. 정신 차리고 현재를 보라는 현명함도 아무 소용이 없을 때가 있습니다. 오히려 그런 모든 것들이 상처가 되기도 합니다. 그런 말들은 절망과 슬픔을 같이 느껴서 답답한 나머지 성급하게 해결책을 던져 편해지려는 구원자로서의 욕망인 것입니다.

　심리학에는 '플래시백(flashback)'이라는 용어가 있습니다.

　충격적인 사건, 즉 트라우마로 인해 발생한 심리적인 상처는 현실에서 어떠한 단서를 접했을 때 그것과 관련된 강렬한 기억에 몰입하게 됩니다. 단순히 과거를 떠올리는 회상이 아니라 끔찍했던 과거의 그 상황으로 돌아가서 현실과 완전히 격리되는 것을 말합니다. 이것이 플래시백 현상입니다.

　몸은 현실에 있지만, 머리는 과거로 순식간에 달려가는 것을 말합니다. 이때 감정은 현재에 머물고 있는 몸과 분리되어서 과거로 달려간 머리를 뒤따르게 됩니다. 이러다 보니, 상처가 할퀸 뇌는 고장 난 라디오처럼 시시각각 그 장면을 틀어 대는 것입니다.

플래시백에 빠지지 않고, 불안과 공포 그리고 슬픔에 휩쓸리지 않는 방법은 바로 지금 내가 어디에 있는지를 알아차리는 것입니다. 지금 내 앞에 누가 있고, 무슨 일을 하고 어떤 이야기를 나누며 내 손과 발이 어떤 자극을 느끼고 있는지 또 주변에서 어떤 소리가 들리는지 세밀하게 돌아보고 관찰하는 일입니다.

나는 과거가 아니라 지금 여기에 있다는 것을 깨닫는 일이 중요합니다.

끊임없이 과거를 반추하고 미래를 걱정하면서 안 좋은 일들만으로 머릿속을 가득 채우는 작업을 멈춰야 합니다. 고통은 불현듯 직접적으로 찾아오고 희망은 은유로만 희미하게 존재합니다. 저절로 찾아오는 생각의 원리를 멈추고, 내가 선택하는 지금의 생각을 움켜쥐어야 합니다.

너에게로 가는 길은
구불텅구불텅

아이 같은 마음이
요령 없이 흘러간다

씨실과 날실의 만남처럼
밖으로 풀려나가고 싶어 아우성치는 마음과
안으로 감추려고 애쓰는 힘이 나누는 대화

생장의 고통을 이겨 낸 시간의 나이테만큼
너와 나누는 깊은 대화

"저는 모임에 나가는 것도 어렵고 낯을 많이 가려요. 근데… 친구가 없어 외로워 사람은 만나고 싶고요."

"아무리 참아 봐도 감정은 잘 숨겨지지가 않습니다. 참았던 숨이 터져 나오듯 자꾸만 만나려고 노력해 보면 투박하지만, 생각도 전환되고 답답했던 감정도 환기가 될 것입니다."

말 하나에 다양한 감정을 실을 줄 아는 사람은 어디에도 없습니다. 입술 끝에 달린 모든 말이 설레는 그런 사람은 오히려 조심할 필요가 있습니다. 자신의 실수나 문제점을 감추려 할 때 말이 많아지고 늘어놓게 되는 심리가 있습니다. 즉, 방어 기제(defense mechanism)입니다. 풋풋한 감정으로 진정성이 느껴지는 대화가 깊고 의미 있는 것입니다.

가족이나 가까운 지인들과의 대화는 생각보다 온도가 차가워서 피하고 싶어지거나 세심함이 부족해지는 것도 사실입니다. 그래서 타인들과 심리적 거리를 유지한 채 대화를 나누다 보면, 말이 유들유들해지고 시공간을 조정할 수 있는 나 자신을 발견하게 됩니다. 가족이나 지인보다 감정을 빼거나 낮출 수 있기 때문입니다.

2021년 9월 미국 시카고대학교 부스경영대학원 니콜라스 에플리(Nicholas Epley) 교수팀은 〈지나치게 얕습니까?: 잘못 조정된 기대는 더 깊은 대화를 가로막는 장벽을 만듭니다.(Overly shallow?: Miscalibrated expectations create a barrier to deeper conversation.)〉라는 논문을 《성격 및 사회 심리학회지(Journal of personality and social psychology)》에 발표했습니다.

이 논문에서는 1,800명의 실험 참가자를 대상으로 낯선 이들과 짝을 이뤄, 이야기하도록 했습니다. 대화는 무거운 주제부터 가벼운 주제까지 다양했습니다. 실험 전, 어색하고 상대방과 대화의 접점이 없을 것으로 예상했던 것과는 달리, 오히려 깊은 대화를 나누면서 유대감과 즐거움을 더 뚜렷하게 느끼는 것으로 나타났습니다.

낯선 상대와는 얕은 대화를 선호할 것으로 예상한 것과 정반대로 실제로는 깊은 대화… 즉, 속 깊은 이야기를 나누는 것에 더 관심을 가졌습니다. 이러한 실험을 통해 우리는 큰 착각을 하고 있다는 결론을 얻었습니다. 낯선 사람과 잡담을 나누기보다 진지한 대화를 통해 즐거운 상호 작용을 하고 깊은 생각과 감정을 나눌 수 있다는 것을 말입니다.

여름이 물러나는 기운은 조금씩 가늘어지는 매미 소리로부터 감지합니다. 온몸으로 땡볕을 받아들여 제 몸을 태우는 듯 울어 대던 매미 소리도 어느덧 나른하게 풀리는 것을 보면 여름이 지나가고 있다는 것을 느끼게 됩니다. 대인 관계도 마찬가지입니다. 쉽게 대인 관계를 잘 하기보다는 휘어지고 꺾인 대인 관계 속에서 구불텅거리며 실수하고 배워 나가면서 성장하는 것입니다. 온 마음을 태울 듯한 외로움도 작지만 조금씩 이뤄 가는 대화 속에서 시간의 나이테를 품고 안정감을 선물해 줄 것입니다.

이런 외로움의 감정은
어느 시기와 어느 순간에
아픔으로 다가왔는지

내 마음은 왜 그렇게 외로워하고
혼자 있는 것을 불편해하는지

삶의 기억을 거슬러
홀로 남겨 상처받은
과거의 나에게 하는 말

"그래서 그랬구나."
"많이 힘들었겠구나."
"지금 나는 괜찮아."

어떤 위로보다
깊은 안식의 언어

"저는 혼자 있는 것을 힘들어해요. 특히 가족이 다 각자 일을 하느라 바쁘고 저 혼자 집에 있으면 참기가 너무 힘들거든요. 제가 왜 이러는 걸까요?"

"내가 왜 혼자 있으면 이렇게 외로워하고 불안해하는지 궁금해하는 것만으로도 좋아질 수 있습니다."

이러한 마음이 틀렸는지 맞는지는 중요하지 않습니다.

때론 불편할지라도 모든 마음은 그 자체로서 자연스러운 것입니다. 다만 왜 그러한 마음이 나에게 깃드는지, 그리고 싶지 않은데도 불구하고 알 수 없는 시간에 알 수 없는 이유로 불안해하고 힘든지 알아볼 필요가 있습니다. 그 외로움의 근원을 향해 건강한 궁금증을 가지고 있다면, 혼자 있는 것에 대한 불안에 감춰진 진짜 두려움을 찾아서 해결해 나갈 수 있을 것입니다.

남모를 깊은 상처와 힘든 마음을 겪을 때 어떻게 하면 이 마음이 사라질 수 있을지를 생각하게 됩니다. 외로움이 들 때는 그 외로움을 없애 줄 사람을 찾아야 한다고 생각하고 마음이 허전하거나 불안할 때는 이 마음을 지울 수 있는 방법을 찾으려고도 노력합니다.

힘든 마음을 지워 낼 지우개를 찾지 못하면 마음의 상처는 더욱 깊어지기도 합니다.

머리는 이성적으로 '그러지 말아야지' 하면서도 혼자 있거나 홀로 남겨졌을 때 막막함이 밀려오고 우울과 불안한 마음으로부터 벗어날 수 있는 돌파구가 없는 것처럼 느껴지기도 합니다. 하지만 이럴 때 마음대로 되지 않는 이런 마음을 없앨 수 있는 고민을 하기에 앞서, 우선 있는 그대로의 마음을 만나 봐야 합니다.

 이런 외로움의 감정이 어느 시기와 어느 순간에 아픔으로 다가왔는지 살아오면서 경험했던 그 시간과 연관된 순간을 떠올려 보는 것입니다. 기억을 정리하다 보면 힘들기만 한 지금의 마음을 깊이 이해하게 되는 순간이 분명 찾아옵니다.

친구야!

우리가 지나온 어제를 비로 쓸어
새 길을 내자

우리가 살아온 어제를 거울에 비춰
새 지도를 그리자

서로의 심장을 맞대어 따뜻한 웃음으로
환한 등불을 밝히자

"친구랑 특별히 싸운 것은 아닌데요. 자주 서운함을 느낍니다. 계속 만나야 할까요?"

"친구와의 불편함은 꽃 없는 봄날처럼 지독한 것입니다. 친구는 가족과 같아서 감정에 금이 가면 뼈마디마다 통증으로 새겨집니다."

　관계라는 것은 상대와 내가 걸어온 길을 그려 놓은 지도와 같아서 거울에 관계를 비춰 본다는 것은 그와 내가 살아온 날들을 고스란히 들여다보는 것입니다. 관계를 자주 확인하지 않으면 상대와 나와의 사이는 턱없이 비뚤어지게 됩니다. 뜬금없이 찾아오는 서운함과 불편함으로 환하게 등불 밝히던 가슴도 칠흑 같은 밤이 찾아옵니다. 그와 함께 걸어온 길도 의심스럽고 걸어갈 앞길도 보이지 않게 됩니다.

심리학에는 '경로 의존성(path dependence)'이라는 용어가 있습니다.

한 번 길을 정하게 되면 점점 의지하고, 의존하면서 시간이 지나고 나서는 그 길이 효율적이지 않아도, 그 사실을 알면서도 그 경로를 벗어나지 못하는 심리를 말합니다. 극단적으로 이야기하면, 끓는 물속 개구리 효과로 설명합니다.

물이 끓고 있을 때 개구리를 넣으면 놀라서 전부 뛰어 나오게 되지만, 반대로 물을 아주 천천히 데우면 천천히 올라가는 물의 온도에 적응해서 나중에는 자신이 죽어 가는지도 모르고 무기력하게 그 상황을 받아들이게 됩니다.

이처럼 친구와의 관계도 경로 의존성에 빠져서 그 관계를 바꾸는 것이 어려운 상황에 이르는 경우가 허다합니다. 까닭 없이 결과에 도착한 건 하나도 없는 것처럼 서로 불편하고 서운한 감정을 해결하지 않고 지금껏 친구의 길을 걸어온 것이 문제입니다. 점점 수척해지는 겨울처럼 찬바람 쌩쌩 불어도 하염없이 울며 서 있어야 하는 것이 친구 관계인 것입니다.

친구와 지나온 어제를 쓸고 쓸어서 다시 길을 내야 변화가 올 것입니다.

말투, 눈짓, 손짓, 고개 끄덕임, 앉은 위치, 바라보는 각도, 웃음의 반응 속도, 웃는 소리의 간격, 그 소리의 높낮이, 눈 맞춤의 길이….
친구와 서로의 심장을 맞대고 따뜻한 눈빛을 나누며 다시 걸어야 서운한 감정도 훨훨 날아가 버립니다.

언어로 혹은 비언어로 서로를 안고 심장을 데우면서 같은 곳을 바라보며 웃어야 마음의 키가 같아집니다. 나이가 같아서 친구가 아니라 마음의 키가 같아서 친구가 됩니다. 서로를 바라보는 시선과 보는 이의 마음가짐에 따라 친구의 관계는 다시 바뀔 것입니다.

3장

생각도 몸도 기지개를 켜고 일어나세요

아픈 나는 과거의 시간에 넘겨 주고
변화된 새로운 날숨과 들숨을
마셔야 합니다.

3

엎어지고 자빠져도
부끄럼 없기를
삶에서 느끼는 부끄러움도 어찌 보면 욕심
그 욕심 버리고 창밖으로 나서면 보이는
선명한 별

지렁이 같은 낮은 희망의 배밀이처럼
한 걸음 한 걸음 옮겨 가면
말 없는 오랜 기다림 뒤에 만나는
희망의 별

"삶이 우울해요. 하루 종일 TV만 보며 지내고 있는데요."

"TV를 통해 바라보는 세상의 주인공은 내가 될 수 없습니다. 우울이라는 감정의 덫에 갇혀 옴짝달싹하기 어려운 나를 외면하는 것입니다. 그러니 지난 시간의 아픔을 다시 읽고 싶지 않다면 자리에서 일어나 움직여야 합니다."

삶의 시간을 TV 앞에 앉아서 수동적으로 흘러가는 것을 지켜보기만 하지 말고 야무지게 한 걸음 한 걸음 옮겨야 합니다. 방 안에서 보는 별은 흐리게만 보이나 흐르는 바람과 하늘과 맞닿아 있는 공기를 안은 채 바라보는 별은 손에 잡힐 듯 선명합니다. 창밖으로 나서기만 하면 오래 서로 기다려 온 것처럼 말없이 마주 볼 수 있는 희망이 곳곳에 널려 있습니다.

2021년 존스 홉킨스 블룸버그 공중보건대학교와 컬럼비아대학교(Johns Hopkins Bloomberg School of Public Health) Ryan Dougherty 교수의 연구에 의하면,
TV 시청 시간과 뇌 회백질 조직의 양과의 관련성을 확인한 결과, MRI 스캔에서 뇌, 회백질의 부피가 줄어든 것을 볼 수 있었습니다. 뇌의 회백질은 근육의 통제, 시력과 청력, 의사결정 등을 담당하며, 뇌의 회백질 조직의 양이 많을수록 기억력과 사고력이 높습니다.

하루에 TV 시청 시간을 1시간씩 늘린다면 이러한 회백질 부피가 0.5% 감소하는 것으로 나타났습니다.

부질없을지라도 밖에 나가 소리라도 쳐 봐야 합니다. TV 속 시간은 현실 속 세상을 현기증처럼 노랗게 흔들리게 만듭니다. TV가 아니라 현실에서 감정을 인식하고 표현하고 스스로에게나 남들에게 위로받는 과정이 중요합니다. 우울이라는 감정을 느끼는 것은, 나약하거나 부끄

러운 것이 아닙니다. 오히려 현재의 문제점을 인식하고 해결할 수 있는 근거를 제공하는 것입니다.

작은 날갯짓이라도 현실 속에서 온몸을 던져 이뤄 내면 좋겠습니다.

계절도 때가 되면 옷을 갈아입듯
시간에 따라 생각도 옷을 바꾼다

여름 청바지를 입었던 생각을
가을 치마로 바꿔 입고
마음 곳곳에
쉼표와 마침표를 찍는 시간

"아직도 우울하고 머리가 복잡합니다. 시간만 흐르는 것 같아요."

"너무 많은 자극을 지우고, 잃어버린 마음을 찾는 것이 중요합니다."

'우울하고 복잡한 생각'이 머릿속을 가득 채울 만큼 스스로 선택한 어두운 생각에 동화되어, 나 자신이 화석처럼 굳어져 버리기 전에 글자의 정으로 뚫고 쪼아서 슬픔의 근원을 뜯어내야 합니다.

심장을 두드리는 글자의 진폭이 잦아들고 탁자 위의 한 잔의 투명한 물처럼 글자의 고요함은 온몸과 온 마음을 고요하게 관통합니다. 가만히 내 안의 소리를 들으며, 작지만 단단한 희망이 매일 일렁이고 일렁이면서 마음은 파도가 되어 갑니다.

마음이 먹는 밥은 글자입니다. 뭐든 마음먹기에 달렸다고 하지만, 마음은 먹어도 먹어도 배고픕니다. 늘 허기져 있는 마음을 온전히 채울 수 있는 것은 마음속 우울처럼 나 자신을 비춰 주는 지혜뿐입니다.

슬픔이 취한 듯 걸어 들어오지 못하도록 책 웅덩이에 자신의 얼굴을 비춰 보며 웃음을 조각하는 오늘이기를 바랍니다.

잠 못 이루는 밤이 보내는
경고의 손짓에
무관심하지 않기를

늦은 밤에
깨어 있는 날이
많지 않기를

"요즘 더워서 그렇기도 하지만 원래 잠을 잘 못 잤어요. 우울도 심하고요."

"네. 수면 문제는 많은 정신적, 심리적인 문제를 만들어 내기도 합니다."

　수면에 문제가 생기는 것은 신체가 건네는 경고의 손짓입니다.

　통계에 따르면, 성인 10명 중 3명은 불면으로 힘들어한다고 합니다. 심지어 불면으로 힘들어하는 사람 중에 병원을 찾는 사람은 10명 중 1명밖에 되지 않는다고 합니다. 이처럼 다른 문제는 빨리 알아차리지만 수면 문제는 자각하지 못하고 있는 것입니다. 아마도 수면 문제는 개인의 마음이나 의지의 탓으로 돌리는 편견이 있고, 가족조차 수면의 고통을 이해하지 못하면서 무관심한 태도로 더 심각해지기도 합니다.

2016년 독일 막스 플랑크 연구소 마틴 드레슬러 교수팀은 72명의 여성 참가자와 88명의 남성 참가자, 모두 160명을 모집해서 수면 패턴과 뇌 기능의 관계를 조사하였습니다.

 문제 원인 분석과 해결 능력 등을 판단할 수 있게 설계된 뇌 기능 문제를 풀게 하였으며, 이와 관련해서 참가자들이 수면을 취할 때 수면 패턴을 살펴보고, 깊은 잠에 들게 되면 생기는 뇌파인 수면 방추파(thalamus spindles)를 살펴보았습니다.

 연구 결과, 뇌 기능을 위한 남자의 수면과 여성의 수면이 달랐습니다. 남성은 낮잠을 자야 도움이 되었고, 여성은 저녁 밤잠을 깊게 자야 도움이 되었습니다. 여성은 남성보다 수면 호르몬이 한두 시간 빨리 분비되기 때문에, 일찍 잠자리에 드는 것이, 뇌 기능에 도움이 되는 단백질이 활성화되는 패턴을 보였으며, 반대로 남성은 낮잠을 자면 뇌 활동에 긍정적인 영향을 미쳤습니다. 이러한 결과의 이유는 뇌 구조와 성별에 따른 호르몬이 차이가 나기 때문입니다.

 수면 문제를 방치하는 것은 스스로를 함부로 여기는 것과 마찬가지입니다. 수면 위상 지연 증후군(DSPS: Delayed Sleep Phase Syndrome)이라는 용어가 있습니다. 생활 패턴이 바뀌면서 늦게 잠들고 늦게 일어나게 되면서 수면 시간이 밀리는 증상을 말합니다. 이렇게 수면에 빠지는 시간이 늦어질수록 잠에 대한 문제로 끝나는 것이 아니라 우울과 불안이라는 심리적인 문제와 겹치게 됩니다.

수면 문제가 위험한 이유가 바로 여기에 있는 것입니다. 수면 회복이라는 신체적 회복은 정신과 심리적 안정이 연결되어 있습니다. 즉 수면이 문제가 되면, 정신적인 문제가 따라오는 악순환(vicious cycle)에 빠지는 것입니다.

아침에 좋은 음식을 먹는 것
마음을 편하게 먹는 것
깊은 잠을 자는 것

행복은 그런 것

"우울하면 심장 질환이 있다는 글을 읽었는데요. 둘 사이의 관계에 대해 이해가 안 되네요."

"우울은 감정이고, 심장은 구체적인 장기 기관이라는 이분법적인 생각 때문에 둘 사이의 관계를 연결하기가 어려운 것입니다."

우울은 눈에 보이지 않는 감정이 아니고, 눈에 보이는 구체적인 물질입니다.

우울이라는 기분과 감정을 느끼려면, 뇌와 몸에서 호르몬의 결핍이 있어야 가능한 것입니다. 구체적으로 말하자면, '세로토닌(serotonin)'이라는 호르몬인데, '세로토닌'은 '행복 호르몬'이라고 알려져 있습니다. 이 호르몬이 부족해지면서 몸은 '우울 버튼'을 클릭하게 되는 것입니다.

이 세로토닌은 '세럼(serum)'이라는 단어에서 온 말입니다. 'serum'은 '혈관을 수축시키는 물질'이라는 뜻입니다. 이 어원에서 알 수 있듯이, 혈관이 수축하면 자연스럽게 혈압이 상승하게 되고, 혈압이 높아지면 심장 박동이 빨라지면서 심장에 무리를 주게 되는 것입니다. 이런 과정을 항상 연결하면서, 우울이라는 단순한 '느낌'이나 '기분' 또는 '감정'으로만 생각하지 않아야 합니다.

조금 더 자세히 이야기하면, 아침에 눈을 뜨고 저녁에 눈을 감는 이 시간은 총 17시간 정도가 됩니다. 이 시간을 '각성 상태(arousal)'라고 부릅니다. 반대로 잠을 자는 7시간 정도를 '수면 상태(sleeping)'라고 합니다. 이 각성 상태에서 온몸이 편안하고 행복한 느낌을 가지려면 '세로토닌'이 잘 분비가 되어야 합니다. 우리 몸에서 세로토닌이 분비되는 곳은 머리가 아니라 대장(intestine)에서 80% 이상을 만들어 냅니다.

이러한 이유로 '과민성 대장 증후군'이 있는 사람들은 세로토닌이 잘 분비되지 않기 때문에 행복한 감정을 느끼기 어렵다는 결론에 도달합니다. 여기까지 설명을 하면, 대부분 '그럼 잘 먹어야 하나요?'라고 물어보십니다. 잘 먹는 것이 중요하지만, 그냥 잘 먹는 것이 아니라 긴장하거나 스트레스가 없는 17시간의 각성 상태가 제일 중요합니다.

예를 들어서 아침에 몸에 좋은 음식을 먹긴 먹는데, 스마트폰을 보면서 먹거나 급하게 긴장감을 가지고 먹거나 아니면 부부 싸움이나 자녀들과 신경이 쓰이는 상황에서 아침을 먹는다면, 좋은 음식은 먹었지만, 대장에서 세로토닌 분비는 잘 이뤄지지 않게 됩니다.

먹는 것과 스트레스를 받지 않는 것, 이 두 가지가 세로토닌을 만들어 내는 데 아주 중요한 핵심 요소입니다. 이 두 가지가 생활 습관으로 잘 잡힌 사람이어야 저녁 7시간 수면 상태도 건강합니다. 낮에는 세로토닌으로 생활하던 호르몬이 저녁이 되면 수면 호르몬인 '멜라토닌(melatonin)'으로 옷을 갈아입고 머리에서 분비가 됩니다. 이 말은 세로토닌과 멜라토닌은 원래 하나이며, 각성 상태에 분비되냐, 수면 상태에서 분비되냐의 차이밖에 없습니다. 그러니 수면 시간이 부족해져도 안 된다는 것입니다.

우울과 심장 질환에 대한 연결성은 추상적인 개념의 느낌과 구체적인 장기 기관 심장 사이의 연결성이 아닙니다. 물리적이고 생리적으로 명확한 인과관계가 존재하는 과학입니다.

살아 있는 온몸의 근육을 느끼며
경사진 곳과 완만한 곳까지
걸어가는 날

오늘이 퇴색되지 않도록
나만의 작은 계획들로
가꿔 가는 날

시간에 등 떠밀려 지루하지 않고
온 마음을 울리는 소망으로
눈이 부신 날

그런 날이
월요일이기를

"월요일이 되면 기분이 좋지 않고 그냥 기운이 빠집니다."

"걸어 들어가는 요일이 있고, 빠져나와야 하는 요일이 있습니다. 월요일은 후자에 해당합니다."

날듯이 가벼운 걸음의 요일도 있지만, 어둠 속으로 깊숙이 걸어 들어가는 듯한 요일도 존재합니다. '주말'이라는 요일은 등 뒤를 밀어 주는 능력을 갖추고 있습니다. 반대로 '주중'은 피로감이 아우성치며 들개 떼처럼 몰려옵니다. 선뜩하다는 표현이 생각날 정도로 힘든 요일은 대부분 월요일입니다. 그래서 '월요병'이라고들 말하기도 합니다.

2015년 미국 링컨대학교와 영국 하트퍼드셔대학교, 캐나다 요크대학교 공동 연구팀은 〈사람들의 마음속에 인식하는 요일들(Mental Representations of Weekdays)〉이라는 논문을 발표했습니다. 이 논문에서는 사람들의 마음속에 특정 요일에 대한 인식이 어떻게 형성되어 있으며, 요일에 대한 혼동은 왜 나타나는지, 그 이유를 알아보기 위해 몇 가지 실험을 실시했습니다.

그 결과, 월요일과 금요일은 확실하게 인식했지만, 반대로 화요일, 수요일, 목요일은 흐릿한 인식으로 혼동을 일으켰습니다.

이러한 이유는 한 주의 시작과 끝은 강하게 인식하는 반면에 화, 수, 목은 시작과 끝이 아닌 과정으로서, 독특한 특성이 없어 인식도가 낮은 것입니다. 특히 강한 인식을 하는 월요일과 금요일의 경우도 차이가 있었습니다. 월요일은 '고통스러운 월요일의 시작'과 같은 부정적인 표현들이 많은 반면에, 금요일은 '불타는 금요일', '휴일의 시작인 금요일'처럼 주말과 연결 짓는 표현들이 많았습니다.

월요일은 다른 어떤 요일보다 혼동되지 않는 정체성이 뚜렷한 날입니다. 또한 부정적인 개념들을 붙여서 인식하고 있습니다. 이러한 길고 긴 악몽과 같은 월요일의 개념들을 변화시키기 위해서는 월요일 아침에 즐거운 목표를 설정하여 능동적으로 쟁취하는 나만의 시간이 되어야 하는 것입니다.

수축하는 밤과
팽창하는 낮이 만나
하루가 된다

수축하는 밤에만
시간을 내어 주면
온몸은 검은 물로
가득 찬다

겨울 잊으라고 봄을 밀어 올리듯,
비 끝내려고 구름 걷어 내듯,
눈물 멈추려 눈물 훔치는 힘찬 손짓처럼
자리에서 일어나
검은 밤을 몰아내야 한다

"저는 우울이 심한 날에 그냥 하루 종일 누워 있고요, 밥도 안 먹어요."

"몸과 마음을 건강하게 하는 것은 신체의 패턴과 생각의 알고리즘을 정확히 맞추는 것에서 시작됩니다."

오래 참은 울음을 글자의 어깨 위에 올라 쏟아 내는 것은 가장 좋은 방법이지만, 가슴 시린 채 시간을 붙들고 있다면 생각의 쓰레기 더미 속에서 자라나는 감정의 쓰레기를 먹어야 하는 악순환만 내 앞에 놓이게 됩니다.

국제 학술지 《정신의학 최신 연구(Frontiers in Psychiatry)》에 실린 미국 아이오와주립대의 연구에 의하면 8주간 2,327명의 행동과 기분을 추적한 결과, 앉아 있는 좌식 생활 시간이 길어지고 신체 활동량이 줄어든 참가자일수록 우울증 및 불안증 사이에 신뢰할 수 있는 수준의 상관관계가 보이는 것으로 나타났습니다. 특히 이러한 생활은 '근감소증(sarcopenia)'과 관련이 깊습니다. 세계보건기구(WHO)에서는 2017년부터 지정했고, 우리나라 보건복지부에서는 2021년 질병 분류 체계에 정식 질병 코드를 부여했습니다.

이 '근감소증'의 영어 뜻을 보면, 근육을 뜻하는 'sarco'와 감소를 뜻하는 'penia'가 합쳐진 말입니다. 근육은 계속 분해되고 재생이나 합성이 끊임없이 반복됩니다. 특히 집에만 있고 하루 종일 움직이지 않으면 재생 세포의 기능이 저하하면서 근육의 섬유가 줄어들고 소멸하게 됩니다.

근육이 움직이고 재생되면서 '마이오카인(myokine)'이라는 성분이 분비됩니다. 마이오카인의 뜻을 보면 마이오(myo)는 '근육'을 뜻하고, 카인(kine)은 '움직이기 시작하다'라는 뜻입니다. 이 물질이 혈액을 타고 온몸을 돌면서 몸 전체에 퍼져 있는 염증을 잡아 주고, 면역력이 떨어지지 않도록 유지시켜 주는 것입니다.

 생각 속의 우울을 떨어뜨리는 정신 훈련도 그렇다고 신체 훈련도 하지 않으면 도무지 희망의 구석이라곤 찾아볼 수 없게 되어 버립니다. 하루를 스물네 마디로 자른 뒤 몸과 마음이 공평하게 우울을 나눠 털어 낼 수 있는 지혜가 필요합니다.

4장

슬픔을 흘려보내요

슬퍼하면서 아픈 마음을 밖으로 쏟아 내는 것은
스스로를 치유하는 것입니다.

4

며칠째 내린 비에도
하늘은 아직 못마땅한 게 틀림없다

주룩주룩 내리는 장대비에
마음이 쓸쓸하지 않도록
찾아 나선 곳

책장에 즐비하게 꽂혀 있는 책들에서 나는
종이 냄새가 마치 갓 구운 빵 냄새처럼
나의 후각을 자극한다

'행복하다'
마음속 깊은 곳에서 조용히 속삭인다

"비가 오면 마음도 울적해집니다."

"눈과 귀에 빗소리가 새겨 놓은 검은 기억이 마음 언저리를 맴돌기 때문에 그렇습니다."

오늘 아침도 비에 흠뻑 젖었습니다. 날씨처럼 표정이 무거운 사람이 많을 것입니다. 며칠째 비가 온 탓으로 몸이 계속 무겁다면 생각의 날씨를 바꿔 주기 위해서 지금 당장 책을 손에 잡아야 합니다. 날씨는 하늘이 정하는 것이지만 생각과 마음의 날씨는 나에게 달려 있습니다.

책을 펼치는 순간 어느새 머릿속 비는 그쳐 버리고, 마음속 구름 사이로 햇살이 쏟아져 내립니다. 햇살 한 다발을 얼른 엮어 온몸에게 안겨 줍니다. 밖은 비가 내리지만 온 마음과 생각은 예사롭지 않은 맑은 풍경에 저절로 웃음이 지어집니다.

세상을 살다 보면 태풍이 오는지 구름이 몰려오는지 가는지조차 알 수 없습니다. 눈에 보이고 귀에 들리는 것이 전부입니다. 눈길을 글자에 고정해야 합니다. 비와 구름으로 둘러싸인 상황이라 하더라도 글자를 보고 지혜가 전하는 소리를 듣는다면 우울과 불안이 거칠게 으르렁거리지 못합니다.

검게 갈기를 세운 외로움과 불안 그리고 우울감이 마음을 두드린다면 하늘과 바다의 구분이 사라지고 빛과 어둠의 경계도 상실합니다. 이상하게도 경계가 무너지는 순간 인간의 본능 중 가장 위험한 난폭함과 무기력이 나를 향해 돌진합니다. 마음속 지하에서만 살았기 때문에 성격은 극과 극으로 난폭하여, 한 번 자신의 모습을 드러내면 온몸을 울립니다.

흐린 날, 비 오는 날에는 인체도 영향을 받아서 뇌에도 먹구름이 끼기 십상입니다. 햇빛이 쨍쨍할수록 잘 분비되는 행복 호르몬 세로토닌은 비가 오는 날에는 줄어들고 스트레스 호르몬인 코르티솔 분비가 늘어납니다. 코르티솔이 늘어나면 식욕을 억제하는 호르몬인 렙틴이 줄어들게 됩니다. 이러다 보니 활동량은 없는데 음식만 많이 먹게 되면서 몸은 점점 무거워지는 것입니다.

또 밤 같은 어두운 날씨가 계속되면 밤에 분비되어야 할 생체 시계의 에너지 격인 멜라토닌이 낮에도 분비되면서 낮인데도 졸리게 되고, 반대로 밤에 잠들기 힘들어지게 됩니다. 이런 시간이 길어지면, 온몸이 장마철이 됩니다.

흥미로운 일은 글자를 읽음으로써 뇌에는 맑은 하늘의 빛처럼 행복 호르몬을 분비시키는 효과가 있다는 것입니다. 쓸쓸하게 비 오는 날씨에 뇌를 맡기는 것이 아니라 책 속, 이야기의 흐름에 의식을 맡기고 글자가 전달하는 감정을 공감하면서 시간과 공간의 분리를 맛보게 됩니다.

비 오고 흐린 날씨에는 걱정보다 글자 한 다발 사 오는 날이면 좋겠습니다.

거대한 슬픔이
파도처럼 쏴아 쏴아 소리 내며
흔들지 않도록

미흡해 보이는 단어들이
머릿속을 빠르게
스치지 않도록

나와 나누는
맛있는 대화로
심심하지 말아야지

"반복되는 슬픔…. 어떻게 해야 하나요?"

지나간 슬픔에 새 눈물을 낭비하지 말라. - 에우리피데스 -

매번 같은 슬픔을 반복하다 보면 슬픔의 질서와 우울은 견고해집니다. 어느새 웃음이라는 단어조차도 그리움이 됩니다.

심리학에는 '스키마(schema)'라는 용어가 있습니다. 번역하면 '도식'입니다. 1926년에 심리학자인 장 피아제가 이 용어를 처음 사용했습니다. 스키마를 '경험을 부어 넣는 마음의 주물'이라고 하는데, 현상을 바라보는 시각이 딱딱하며 왜곡되어 있고 갇혀 있는 것을 말합니다. 오랜 시간 동안 형성된 관점이다 보니 과거의 틀을 가지고 현재를 해석하게 되어 왜곡된 생각과 느낌 그리고 행동의 결과를 가지게 되는 것입니다.

가장 먼저 해야 하는 일은 스스로의 스키마를 관찰하고 통찰하며, 들여다보는 연습부터 해야 합니다. 자신을 괴롭히는 반복되는 슬픔이 어디서부터 시작되었고 막연한 불안은 어디에서 올라오는지 알아내야 합니다. 그래야 나를 가로막고 있는 연기와 안개 같은 상황을 밀어젖히고 파란 하늘을 활짝 열 수 있게 됩니다.

2019년 미국 라이스대학교 크리스토퍼 파군데스(Christopher Fagundes) 교수팀은 〈반려자 유족의 슬픔, 우울 증상 및 염증(Grief, Depressive Symptoms and Inflammation in the Spousally Bereaved)〉이라는 논문을 발표했습니다.

이 논문은 남편 또는 아내와 사별한 99명을 대상으로 슬픔이 신체에 미치는 영향을 연구했습니다. 슬픔을 깊게 드러내는 참가자들의 혈액을 검사한 결과 슬픔을 잘 표현하지 않는 참가자들과 비교해서 53% 이상 염증 수준이 높다는 사실을 발견했습니다. 우울이 염증을 유발한다는 것은 많이 알려진 사실이지만, 슬픔 또한 염증을 일으킨다는 사실을 밝혀낸 것입니다.

슬픔이 들어와 온몸을 지배하지 않도록 해야 합니다. 슬픔의 담벼락은 도저히 기어오를 엄두도 못 낼 만큼 높고 감옥의 그것처럼 굵고 곧은 쇠막대로 튼튼하게 만들어진 것이라 부수고 무너뜨리기가 생각보다 어렵습니다.

그럼에도 불구하고 반복되는 슬픔에서 벗어나기 위해서는 조금 단조롭지만, 감정 일기와 독서를 통해 자신과 나누는 생각 대화로 심심할 틈이 없어야 가능합니다. 그래야 건강한 생각의 대화가 지우개가 되어 슬픔의 잡념들을 쓱쓱 지워 나가게 됩니다. 대화가 쌓인 생각에는 또 다른 깊은 맛이 있음을 알게 될 것입니다.

아픈 과거의 시간
필요 없는 생각과 감정의 것들을
밖으로 밀어내 눈물의 강을 만들자

나를 화나게 했던 그 어느 날의 기억이
몇 날 며칠 꼭꼭 숨어들어 혼돈의 도가니로 몰아붙일 때
감출 수 없는 눈물로 슬픔의 큰 강을 만들자

아픈 과거와
화난 기억의 강은
마음 깊숙이 박힌 상처의 독을 씻어
깊은 바다로 흐른다

"우는 것이 나쁜 건가요? 자주 눈물이 나거든요."

"절대로 나쁜 거 아닙니다. 슬퍼하면서 아픈 마음을 밖으로 쏟아 내는 것은 스스로를 치유하는 것입니다."

   감출 수 없는 슬픔은 눈물로 큰 강을 만듭니다. 무얼 해야 할지 머릿속은 텅 비고 시선은 허공에 맴돌고 마음은 날카로운 가시 더미에 찔

리듯 아픕니다. 마음이 혼란스럽고 세상이 다 귀찮고 이 순간을 벗어나고 싶을 때 치유의 시간이 필요한 것입니다.

몸에 상처가 나면 병원에서 처방을 받아 주사 맞고 약 먹으면 금방 낫듯이 마음 깊숙이 박힌 상처의 독 가시도 바로 치유해야 더 깊은 병에 걸리지 않습니다. 살아온 시간만큼 상처가 많기 때문에 치유의 시간을 자주 갖는 것이 좋습니다.

꽃과 나무가 따사로운 햇빛과 비를 받아 아름답게 자라듯이, 비라는 눈물은 꼭 필요한 존재입니다. 몸 밖으로 눈물을 배출하는 작용은 우울이나 화 또는 스트레스를 완화시킵니다.

또 슬플 때 눈물을 흘리는 것은, 사랑할 때 나오는 옥시토신과 즐겁고 신날 때 나오는 엔도르핀 호르몬을 분비하게 만듭니다. 이처럼 행복감을 느끼게 하는 옥시토신과 엔도르핀 호르몬은 심리적인 고통과 신체적인 통증 모두를 가볍게 만드는 역할을 하기에, 슬플 때 울어야 하는 것은 자연스럽고 옳은 행동인 것입니다.

이유 없이 너무 자주 울고 우느라 일상을 제대로 살아가지 못할 정도면 병이지만, 울고 싶도록 슬프거나 괴로울 때 적당한 장소와 시간을 골라서 눈물 흘리는 것은 나 스스로를 최대한 따뜻하게 끌어안아 주는 가장 좋은 대처 방법인 것입니다.

심리학에서는 억압적 대처(repressive coping)라는 용어가 있습니다.

슬픔이나 부정적인 감정을 표출하지 않고 담아 두는 현상을 말합니다. 억압적 대처를 하다 보면, 불안이나 우울과 같은 정신적 문제를 일으키는 것뿐만 아니라 신체적인 면역 체계가 깨지고 고혈압이나 심장 질환의 위험을 높이게 됩니다.

회복과 깨달음 그리고 희망을 꼭 상담이나 정신과에서만 얻을 수 있다는 보장은 없습니다. 오히려 눈물에게서 얻는 경우도 많습니다. 그럼에도 불구하고 눈물이 과도하게 나온다면 또 극기 훈련이라도 하듯 감정이 사막을 홀로 걷고 있다면, 그 원인을 찾기 위해서 상담가의 지혜를 빌려 오면 좋을 것입니다.

눈물이 위로가 될 때
눈물이 용서를 대신할 때
눈물이 사랑일 때

주저하지 말고 흘려야 할 때

"자꾸 나이가 들면서 눈물이 많아지네요. 저 괜찮은 거죠?"

"음… 사람은 누구나 우울할 때가 있습니다. 내 속의 비명이 터져 나올 것 같은 정도가 아니라면 문제 되지는 않습니다."

세상에서 나에게 남은 유일한 진실은 내가 이따금 울었다는 사실입니다.

슬픈데 눈물이 말랐다는 것이 아픈 것입니다. 가장 소중한 것이 감정이고, 무기력이 흠집 내서는 안 되는 것이 바로 감정입니다. 통제되지 않는 감정이 문제일 뿐입니다. 눈물은 너무나 힘이 강해서 모든 것을 이긴다는 말조차 덮어 버릴 때가 있습니다. 그만큼 눈물은 마음속에 강렬하게 살아남습니다. 이 때문에 눈물이 문제가 아니라 억제되지 않는 울음이 문제가 됩니다.

피기는 힘들지만 지기는 쉬운 것이 꽃인데….

중년이 되면 마치 자신이 꽃처럼 느껴집니다. 져버린 꽃처럼 내 속에 비명이 살고 구름이 지나간다고 생각합니다. 눈물은 밤을 강화시키고 우울을 성장시킵니다. 존재하지 않는 덧없음을 끊임없이 찾으며 힘겨워합니다. 모든 것이 헛된 것이라 여기며 침대와 한 몸이 되어 시간을 죽이기도 합니다.

이렇게 눈물은 동전의 양면과 같습니다.

밀물과 썰물 같기도 하고 태양과 달의 관계와 흡사하기도 합니다. 좋아도 눈물을 보이고 슬퍼도 눈물이 나게 됩니다. 문제는 눈물이 너무 많아도, 눈물이 메말라도 안 된다는 것입니다.

눈물이 많아지는 데는 여러 가지 이유가 있겠지만, 호르몬 변화가 가장 큰 원인입니다. 남성의 경우에는 중년이 되면서 남성 호르몬이 줄고 여성 호르몬이 늘어납니다. 이러한 이유로 몸의 혈관 속을 이동하면서 몸의 각 부위에 신호를 주고받으며 감정 기복이 심해집니다. 이런 큰 감정 리듬은 마음에도 영향을 미쳐서 눈물을 흘리게 만듭니다.

반면에 여성의 경우에는 갱년기와 폐경을 통해서 몸의 변화를 마음이 따라가면서 힘겨워집니다. 중년 이전에는 감정 기복이 있어도 숨기며 살았지만, 몸이 나에게 작별 인사를 하면서 감정 기복이 폭발하게 됩니다. 작은 일에도 불같이 화가 나고 눈물을 흘리게 되지만, 눈물이 파도처럼 나를 때리지만 않는다면 괜찮습니다.

바람의 노래를 들을 수 있다면
한숨을 내려놓고 슬픔을 토하고 싶다

바람의 노래를 느낄 수 있다면
내 어깨에 앉은 슬픔을 나누고 싶다

바람의 노래를 만날 수 있다면
그 뒤에 숨어 흐느껴 울고 싶다

그러다
나의 눈물이 마르면
고운 햇살에 만난 고독과 친구가 되고 싶다

"저는 자꾸 우는데요. 너무 많이 울면 안 되겠지요?"

"눈물을 통해 오염된 자신을 씻어 내면서 나의 소중함을 새길 수 있습니다."

눈물은 생각보다 많은 감정들의 꼬임을 실타래 풀듯 풀어 줍니다.

서글픈 시간, 눈칫밥 먹어야 하는 날들이 짓누르는 무게를 한꺼번에 털어 내기 어려울 때 눈물로 씻어 내면 해결되기도 합니다. 나도 모르게 흐르는 눈물을 감추려고 자꾸 가려 보지만 감추려 할수록 터져 나오기만 합니다. 유난히 파김치가 된 몸과 마음은 눈물에 맡길 수밖에 없습니다.

심리적 주름살이 깊은 사람들이 팍팍하고 서글픈 삶을 살아갈 때, 마음의 주름을 펼 수 있는 방법으로 음악을 추천합니다. 음악을 들으며 눈물을 흘리면 생각보다 환기 효과가 있습니다. 먼지로 가득했던 방에 환풍기를 달아 두면, 공기가 깨끗해지듯 음악을 들으며 눈물을 흘려 보는 것도 마음속 탁했던 공기를 환기하는 방법입니다.

눈물이 음악의 어깨 위에 올라타기만 해도 마음은 정화가 일어납니다.

국제 학술지 《사이언틱 리포트(Scientific Reports)》에 실린 논문에서 음악을 들을 때 일어나는 눈물과 전율을 심리적, 생리학적인 관점에서 연구하고자, 154명의 실험 참가자들에게 음악을 들으면서 얼마나 자주 눈물이 나는지 조사했습니다. 설문 조사 결과, 몸이 떨리거나 닭살이 돋는 경험인 전율을 느꼈다는 참가자는 32명이었고, 실질적으로 눈물이 흐르거나 목이 메었다는 참가자는 34명이었습니다.

이 참가자들의 생리학적 실험 반응은 음악을 듣고 눈물을 흘릴 때 심박동 수와 호흡이 차분해지고 긴장이 완화되면서 마음이 침착해지는 것으로 분석되었습니다. 즉, 음악을 통해 촉발되는 눈물은 억압된 감정이 건강하게 분출되는 '정화 작용'을 일으키게 합니다.

흐느껴 우는 소리는 나를 더욱 슬프게 만들고, 혼자서 외로움을 느끼는 것은 더더욱 큰 고립감으로 아프게 만듭니다. 하지만 이런 흐느끼는 소리도 음악의 음률로 가려질 수가 있습니다. 또 음악에서 흘러나오는 가사를 통해 누군가, 나에게 '괜찮아'라며 속삭여 주는 듯 혼자가 아닌 위로의 손길이 마음에 내려앉습니다.

포근하고 따뜻한 살갗의 접촉
사랑의 눈 맞춤
둘이서만 나누는 속삭임

엄마의 얕은 숨결 한 줌에
아기의 가슴은 떨리도록
고요하다

"지난주 토요일 오후 소파에 앉았어요. 아기들 재우고 스마트폰에서 흘러나온 이문세의 〈난 아직 모르잖아요〉를 듣다 눈물이 왈칵 쏟아졌어요. 그냥 슬펐고 그냥 눈물이 흘러내렸는데요. 분명 사랑해서 결혼하고 아기를 낳고 잘 살아가는 것 같은데… 내 존재가 없어진 느낌이에요."

"육아를 한다는 것은 외로움을 견디는 일. 눈이 오면 눈길을 걸어가고 비가 오면 빗길을 걸어가는 것처럼 말입니다."

육아는 말할 수 없이 에너지가 많이 드는 값비싸면서도 고귀한 사랑의 작업입니다. 그래서 산후에 나를 찾아오는 우울감은 남편으로부터 가장 큰 지지를 요청하는 절박한 신호이지요. 수학적으로 계산해 보아도 10개월 가까이 임신하는 기간에 평소보다 두 배 이상의 에너지를 쓰다가 출산 이후 모유를 먹일 때 거의 세 배에 가까운 에너지가 필요합니다. 말 그대로 몸을 축내서 자녀에게 모든 것을 주는 것입니다.

원래 부부의 사랑과 신뢰를 위해 만들어지는 호르몬이 있습니다. 바로 '옥시토신'입니다. 이 호르몬을 부부 둘만을 위해 사용하다가 아이가 태어나면서 젖이 잘 나오도록 옥시토신을 과하게 사용하여 부부의 관계가 약해지고 소홀해지는 것도 사실입니다. 부부 관계가 얇아지면서 자연스레 아이에 대한 걱정과 짜증이 뒤섞이는 결과를 가져온답니다.

이것을 '베이비 블루스(baby blues)' 즉, '작은 산후 우울감'이라고 합니다.

잠도, 식욕도, 에너지도 모두 떨어지면서 남편에게도 아이에게도 그리고 제일 중요한 엄마인 나에게도 관심이 낮아져 그 빈 공간을 '우울과 방임'이 파고드는 것입니다. 이 순간을 잘 이겨 내야 합니다. 출산 스트레스는 분명 아기가 원인이기도 하지만 스트레스의 회복과 힐링도 '아기' 그 자체입니다. 모유 수유를 하면서 느끼는 교감. 포근하고 따뜻한 살갗의 접촉, 아기와의 눈 맞춤, 둘이서만 나누는 속삭임. 이 모든 것들이 정서와 신체 회복의 핵심입니다.

생리심리학적인 관점에서는 아기에게 젖을 잘 줄수록 엄마의 스트레스 호르몬인 코르티솔이 줄어들고 온몸에 퍼져 있는 염증이 감소합니다. 결국에는 모유 수유를 잘하면 우울감은 자연스럽게 줄어듭니다. 그러니 아기와의 애착에 집중하는 것이 맞습니다.

5장

글자의 나무 밑에 앉으세요

글자의 등 뒤로
한 겹의 지혜 무늬가 눈에 들어와
온몸에 흐른다.

5

사람에게 다친 마음에 홀로 서 있는 이여!
타인의 날카로운 시선과 칼날 같은 말에
당신을 찌르지 마세요

사람에 실망하고 세상에 등을 돌리고 앉은 이여!
상처 입고 외로움에 울부짖는
당신의 신음에 허덕이지 마세요

홀로 서 있는 곳에서
등을 돌리고 앉은 곳에서
연인의 손처럼
당신의 마음을 녹일
선물을 준비하세요

"가을의 시작인데, 오늘은 유독 너무 외로워요."

"그런 날이 있습니다. 살다 보면 나 혼자라는 생각으로 고통스러운 날이 있습니다."

시선이나 말이 날카로운 칼날로 바뀌고 나를 찌르는 것 같은 느낌이 모여서 나 자신을 바라보는 시각이 외로움으로 둘러싸입니다. 그래도 파고들다 보면 저 깊은 곳에 단초 하나씩은 있기 마련입니다. 타인에게 다친 마음이 있다면 그럴 때 대중 속에서 잠시 벗어나는 것도 좋은 방법입니다.

벗어난 그곳에서 나를 일으켜 세우는 글자와 만나면 좋습니다. 글자와 웅크리고 있는 내가 만나면 상처 입고 외로움에 울부짖는 신음을 삼킬 수 있습니다. 외로움으로 비몽사몽간을 오갈 무렵 본능적으로 책을 집어 들면 마음은 쉽사리 제자리로 찾아옵니다.

현실은 과거에 머물게 하지만 글자만큼은 내일을 살도록 이끌어 줍니다. 글자가 건네는 목소리를 듣고서야 현실감을 찾을 수 있습니다. 누군가 꾸며 놓은 상황극 같은 외로운 시간에 나 자신을 다시 일으켜 세우기 위해 준비한 깜짝 선물과 같은 책을 펼쳐야 합니다.

2020년 미국 플로리다대학교 의과대학 안젤리나 수틴 박사팀은 〈외로움과 치매의 위험(Loneliness and Risk of Dementia)〉이라는 논문을 통해서 외롭게 느끼는 감정의 위험성에 대해 경고를 던졌습니다. 이 연구에서는 1만 2,000여 명의 참가자를 대상으로 10년간 외로움이나 소외감이 건강에 어떻게 미치는지 분석을 했습니다.

연구 결과, 외로움과 소외감은 일반 사람들보다 치매 위험도가 40%나 더 높은 것으로 밝혀졌으며, 연구 기간 동안 1,104명의 참가자가 치매에 걸렸습니다. 외로움은 특히 뇌에 부정적인 영향을 미쳐서 의미 있는 상호 작용을 하지 못하게 만들고, 대인 관계를 어렵게 만듭니다. 이런 이유로 외로움을 느낄 때는 책을 읽는 의미 있는 인지 활동이 무엇보다 중요합니다.

 글자가 이야기보따리를 한번 풀면 밤을 새는 것도 두렵지 않습니다. 바위같이 딱딱해진 마음 아래로 도도한 수맥이 흐르듯이 토닥임도 함께합니다. 글자와 시간이 교접해서 낳은 위로는 나의 외로운 마음을 깎고 깎아서 바늘만큼이나 가늘게 만듭니다. 머지않아 나에게 왔던 흔적들을 하나씩 지울 것입니다.

누구나 하나쯤은 품고 있을
아픔과 상처

아픔의 가시와 상처의 못이
깊이 박혀
검은 피로 얼룩지지 않도록

글을 적어
마음을
닦아 내고 쓸어 낸다

"감정 일기를 쓰면서 안 좋았던 일들을 쓰는 것은 오히려 좋지 않은 일을 다시 떠올리는 것이라고 생각되는데요…. 구체적으로 감정 일기가 어떻게 좋은 건지 궁금합니다."

"감정 일기를 쓰는 이유는 과거의 감정을 객관적으로 바라볼 수 있는 힘을 얻기 위한 것입니다."

　하루의 망치로 쾅쾅 나 자신을 마음 위에 박아 넣으면 마음 바닥에 까만 작은 점으로 남아 있게 됩니다.

깊게 박히면 박힐수록 검은 감정의 못은 빼내기가 어렵습니다.

이 감정의 못은 나의 의지와 상관없이 분노를 유발합니다. 해묵은 분노이고, 낡은 감정입니다. 덕지덕지 검은 감정이 붙어 있는 마음 상태 때문에 사소한 말 한마디와 작은 사건들에 너무 예민하게 반응하고 날카로운 대응의 문제가 생기는 것입니다. 이러한 이유로 해묵은 감정은 방치하지 말고 털어 내야 합니다.

가장 좋은 방법은 바로 '감정 일기와 감사 일기'를 쓰는 것입니다.

감정 일기를 쓰는 이유는 과거의 감정을 객관적으로 바라볼 수 있는 힘을 얻기 위한 것이고, 감사 일기를 쓰는 이유는 현재의 감정을 통제하기 위해서 기록하는 것입니다. '기록'이라는 창문을 통해 내 속을 들여다보면, 닦아야 할 눈물도 보이고 쓸어 내야 할 감정도 보이고 끄집어내야 할 창피도 보입니다.

이렇게 어떤 일보다 하루를 넘기지 않고 부정적인 생각과 감정을 씻어서 긍정적으로 변화시키는 것은 중요합니다.

2022년 미국 국립 외상 후 스트레스 장애(PTSD) 센터 임상심리학자인 레위나 리(Lewina Lee)의 연구팀은 〈성인 집단에서 20년 동안 낙관주의, 일상적인 스트레스 요인 및 정서적 건강(Optimism, Daily Stressors, and Emotional Well-Being Over Two Decades in a Cohort of Aging Men)〉이라는 논문을 'Psychological Sciences and Social Sciences'에 발표했습니다.

이 논문에서는 233명의 참가자들을 대상으로 긍정주의에 대한 조사를 14년 동안 진행했습니다. 참가자들에게 하루 중 스트레스가 발생하는 원인을 보고하게 했고, 긍정적인 기분과 부정적인 기분에 대해 추적 연구를 이어 갔습니다.

연구 결과, 비관주의 참가자들은 부정적인 사건에 대해 보고하지 않고 스트레스 원인에 대해서도 구체적으로 기록하지 않았던 반면에, 낙관적이고 긍정적인 참가자들은 자신들에게 스트레스가 되는 원인에 대해 구체적으로 기록하고 보고한 것으로 나타났습니다. 결과적으로 자신의 스트레스 원인을 정확하게 분석하고 이해하는 사람일수록 긍정적인 생각 방식을 유지할 수 있는 것으로 나타났습니다. 스트레스가 많은 사람들은 높은 수준의 염증과 연결이 되고, 염증이 오랫동안 이어지면 치매나 노화가 빨라지고, 암 발병률도 높은 것으로 나타났습니다.

'괜찮니'라는 말을 타인에게 듣기보다는 내가 스스로에게 물어봐 줄 수 있을 때, 가장 큰 위로가 되고 세워 두었던 벽도 허물어지는 법입니다. 그래서 '긍정적인 생각'은 절대로 뒤로 미루면 안 되는 것입니다.

멀리서 바라본 숲
나무는 보이지 않지

숲 안으로 들어가면
숲이 보이지 않지

나무도 보이고
숲도 보이는 곳

그곳이
내가 있어야 하는 곳

"너무 바빠서 하루가 어찌 지나가는지 모르겠어요. 제가 없으면 일이 안 돌아가요."

"일과 나 자신의 거리에 대해 생각해 봐야 합니다. 거리가 있어야 객관적으로 볼 수 있기 때문입니다. 일과의 거리가 좁혀질수록 일은 잘 볼 수가 없습니다. 일터에 들기 전에 보는 일과, 일터에 든 뒤에 보는 일은 많은 차이가 있습니다."

산을 생각해 보면 쉽습니다. 숲은 멀리서 보면 나무가 보이지 않고 숲속에 있으면 나무가 잘 보이지만 숲은 볼 수 없습니다. 무엇이든, 심지어 일과 사람까지도 적당한 거리를 둘 때 더 잘 보이는 것입니다.

심리학에서는 '구원 환상(rescue fantasy)'이라는 용어가 있습니다.

타인에게 필요 이상 도움을 주거나 지나치게 다가가서 삶에 개입하다 보면, 결국 상대방은 나 자신에게 필요 이상으로 의존하게 됩니다. 내 일보다 타인의 일을 더 우선시하고 중요하게 생각하면서 비정상적인 의존 관계를 만들게 되는 것입니다.

타고난 기질이나 후천적인 성격상 주변 모든 이들에게 친절하고 배려하려는 사람도 있습니다. 하지만 좀 더 깊이 들여다보면 자신에 대한 열등감이 존재한다는 것을 알 수 있습니다. 그 열등감에서 벗어나기 위해 일터에서나 가족 관계에서도 의도와는 달리 과도한 행동을 하게 됩니다. 정작 타인의 고통을 돌보느라 자신의 고통은 신경을 쓰지 못하고 무너지게 되는 것입니다.

마음을 객관화시켜 주기 위해서는 일정한 거리가 필요합니다.

거리를 두고 본다는 것은 생각하고 마음을 쓰는 데도 중요한 것입니다. 거리를 두지 못하는 것은 이미 생각도 마음도 물들었다는 것이고, 고통의 관계 속에 익숙해졌다는 것을 의미합니다. 건강하게 이 관계에서 벗어나는 첫 관문은 '내 마음 인지하기'입니다. 변화 없이 반복되는 자신을 보는 것처럼 권태로운 것도 없을 것입니다. 권태가 반복을 낳고 반복이 변화를 가로막는 것입니다. 삶에서 가장 큰 적이 바로 권태입니다.

  삶을 너무 과식해서 배탈이 난 사람들이 있습니다. 그 배탈을 글로써 치료하면 좋습니다. 삶에는 속도가 있습니다. 정규 속도를 벗어나 과속을 하면, 생각 멀미나 감정 배탈이 납니다. 속도를 늦추기 위해서는 느리게 움직이거나 멈춰 있는 대상을 바라봐야 합니다. 꽃, 나무, 구름도 좋지만, 글자가 가장 좋습니다.

어제 읽은 글자가
오늘 온몸에 번진다

글자의 등 뒤로
한 겹의 지혜 무늬가
눈에 들어와
온몸에 흐른다

어제 읽은 글자가
오늘 온 마음에 번진다

기억에 남아 있는 슬픈 목소리를
끄집어내서
글자의 불꽃으로
태워 없앤다

"매일 책 읽고 있습니다. 1년이 되어 가니 글이 맛있고 독서가 습관이 된 것 같습니다."

"네. 글을 읽지 않으면 닫힌 귀를 달고 사는 것과 같습니다."

글을 읽지 않는 것은, 손가락을 가슴 위에 가져다 심장 뛰는 순간을 느끼지 못하는 것과 같습니다.

마음이 아무것도 듣지 못하고 열렸다가 닫히는 하루를 보내는 것입니다. 손가락 끝에서 한숨 소리만 새어 나오는 것이고, 허무함과 무망감이 바닥으로 떨어져 이리저리 굴러다니게 됩니다. 더듬거리고 더듬거리며 다시 찾아서 회복하려고 할 때는 시간의 꼬리가 너무 멀어졌다는 것을 깨닫게 됩니다.

성실하게 글자를 찾아가 만남을 시도해야 합니다. 그러면 눈가가 진동하고 마음이 흔들리고, 한숨이 그리고 호흡이 오래도록 깊은 물속에 잠겨 있다가 느릿느릿 머뭇거리며 신호를 보내옵니다. 그러다 참아 왔던 깊은 지혜의 들숨을 마음껏 온몸으로 들여올 수 있게 됩니다. 하나의 단어와 하나의 문장에서 시간의 흐름을 듣는 나 자신의 발끝에서 한 발 한 발 내딛고 나아가는 자리 자리마다 뜨거운 지혜 바람이 피어오를 것입니다.

취한 듯 걸어 들어온 슬픔은
글을 읽다 득달같이 달려오는
웃음에 놀라
달아난다

꾹꾹 눌러 참았던 아픔은
글자에 살며시 숨어 있던
웃음에 놀라
달아난다

"웃을 일이 없네요. 그나마 책을 보며 지내려 합니다."

"그래도 웃으셔야 합니다. 웃음은 비록 순간적이지만 그 웃음소리가 던지는 심리적 파장은 봄날의 푸름 그 자체입니다."

살다 보면 현실은 웃음보다 눈물을 흘리게 하는 일이 많습니다.

고개만 들면 구름도 나무도 바람도 비도 선물 아닌 것이 없습니다. 창문을 열고 가만히 앉아 있으면 저만치 떨어져 흐르던 바람이 다가와 코앞으로, 머리 위로 날아다닙니다. 나 자신이 자연 속에 편입된 것 같아서 자연스럽게 웃음이 지어집니다.

감정을 잘 살펴보면 나름의 질서가 있습니다.

물론 일탈하는 감정이 없는 것은 아닙니다. 잘 따라가다가 느닷없이 돌아서서 반대편으로 달려가기도 합니다. 수평을 버리고 수직으로 솟아오르는 녀석도 있습니다. 그럴 때마다 당황하고 힘들어하기보다는 조용히 웃어야 합니다.

웃다 보면 비뚤어졌던 감정도 멀리멀리 돌아서 제 길을 찾아가는 것을 봅니다. 웃음에 눈물이 겹치기도 합니다. 아픔의 정체를 밝히려고 윽박도 지르고 꾹꾹 눌러서 참아 보기도 하지만 그냥 웃어 버리면 그만입니다. 울음보다 웃음이 살가운 존재여야 합니다.

미국 UCLA 정신과 의사 마거릿 스튜버는 어린이들에게 찬물에 손을 넣도록 한 뒤 재미있는 비디오를 보여 줬더니 더 잘 참고 스트레스도 덜 받았다는 실험 결과를 발표했습니다. 결국 웃음은 엔도르핀을 많이 분비시켜 육체의 고통을 줄인다는 것입니다.

연구 결과, 웃음을 통해 참가자들이 겪고 있는 고통을 줄여 주고 신체적 그리고 정서적으로 행복을 느끼게 만드는 엔도르핀이 넘치는 것을 발견했습니다. 엔도르핀(endorphin)은 몸 안에서 나오는(endogenous) 모르핀(morphine)이라는 뜻에서 만들어진 단어입니다. 즉 웃음은 스스로 만들어 내는 행복 호르몬인 셈입니다.

살다 보면, 누군가 당긴 화살에 심장을 맞는 느낌이 들 때도 있고 주삿바늘이 들어간 느낌을 받을 때도 있습니다. 이때 그냥 참고 견디는 것은 화살을 더 깊게 쑤셔 박아 죽도록 아파하는 것과 같습니다. 화살을 빼내 상처 부위를 덧나지 않게 치유해야 합니다. 그러한 방법 중에 가장 좋은 것이 바로 독서입니다.

너를 아껴 주기 전
나를 먼저 아낄게

조금만 기다려 주겠니?

너를 향한 따스한 마음이
차가운 겨울의 옷을 입지 않도록

너를 사랑하기 전
나를 먼저 사랑할게

조금만 기다려 주겠니?

너를 향해 춤추는 마음이
눈먼 사랑, 소유의 사랑이 되지 않도록

너의 마음을 읽기 전
내 마음을 먼저 읽을게

조금만 기다려 주겠니?

하루라도 못 보면 죽을 것 같은 마음이
너의 존재로 죽을 것 같지 않도록

"저한테 문제가 있는 건가요. 남편한테 문제가 있는 건가요?"

"모든 변화의 중심은 상대에게 있는 것이 아니라 내 안에 있습니다."

제가 지금까지 쓴 글들과 상담 사례를 모조리 태워서라도 절대로 타지 않고 선명하게 남아 있기를 바라는 것이 바로 '자존감'입니다. 비가 오고 눈이 오고 바람이 부는 그런 모든 날들의 날씨야 하늘이 하는 일이지만, 마음속 내리는 비를 멈추는 것도 싸늘해진 분위기도 나에게 달렸습니다. 따스한 마음을 잃지 않기 위해 상대가 아니라 내 마음의 계절에 집중하면 좋겠습니다.

2003년도에 뉴욕주립대학교 심리학과 지나 벨라비아(Gina Bellavia)와 산드라 머레이(Sandra Murray) 교수는 〈자존감의 차이에 따른 배우자의 애정 어린 분위기에 대한 반응(Did I do that? Self-esteem-related differences in reactions to romantic partners' moods)〉이라는 논문을 발표했습니다. 이 논문은 자존감이 부부 관계에 미치는 영향을 연구한 것입니다.

이 연구에는 81명이 참여했습니다. 그리고 이 부부들에게 두 가지 시나리오를 제시했습니다. 하나는 긍정적인 분위기, 다른 하나는 부정적인 시나리오를 제시하고, 참가 부부들의 인지, 정서, 행동 등의 반응을 기록했습니다. 이 실험에서, 부부가 서로의 감정을 보듬어 주거나 마음을 풀어 주지 않고 오히려 화를 내는지 분석했습니다. 분석 결과, 서로의 '낮은 자존감(low self-esteem)'이 문제였습니다.

　상대가 아니라 나를 먼저 사랑하고 아끼는 자존감의 시간. 그 시간이라는 친구가 과거를 엄청나게 집어삼키고, 씹고 씹어서 회복을 뱉어 낼 것입니다. 어둑했던 마음도 높아진 자존감 앞에서 아지랑이 같은 무늬로 일렁이게 됩니다. 높은 자존감 앞에서는 맥도 못 추는 것이 억울한 마음 용서되지 않는 마음 앞에서는 돌고 돌아 춤을 추며 가슴속으로 들어와 소리를 칩니다.

　나 스스로를 아끼지 않는 낮은 자존감을 소유할 때는 온갖 부정적인 소리들이 가까이 다가와 뜨는 해보다 지는 해가 좋다고 외칩니다. 이럴 때는 복잡한 생각을 지울 마음 지우개가 작동하지 않습니다. 지금 마음의 기온이 급격히 떨어졌다면 상대가 아니라 나 자신의 자존감을 높이기 위해 손에 책을 잡고 글자가 건네는 봄을 맞이해야 합니다.

쉼 없이 달린 삶
스스로를 유기한 마음

너에게서 위로받고 싶다

비에 젖은 무거운 생각
허물어진 마음

너에게 기대 이별하고 싶다

"책과 친해지기가 힘드네요."

"내 가슴에 필사해 놓은 글자로 안아 주고 위로해 주면서 사라졌던 청력이 돌아오고 시력도 회복되어야 합니다."

   음식을 잔뜩 먹어 먹먹해진 것 같은 위의 포만감은 사랑하지만 지혜로 가득 찬 뇌의 행복감은 느껴 볼 겨를이 없어 보입니다. 돈, 돈, 돈… 하면서 불안해야만 살아 있다는 존재감을 느꼈던 습관은 책을 손에 쥐지 못하게 만드는 원흉입니다.

책을 읽으며 순간순간의 일거수일투족, 심리 상태, 감각과 느낌들을 놓치지 않으며, 또 다른 나를 키우는 일은 은밀하고도 재미있는 여행과 같습니다.

　책은 그런 것입니다.

　글자의 옷을 입은 자아가 되면 좀 뻔뻔스러워집니다. 그래야 남의 시선 위에서 고통을 맛보지 않을 수 있으니까요. 그저 책 없이 세상을 건성으로 걷는다면, 삶의 의미를 깨달을 겨를이 없어 그냥 무의미한 시간 읽기로 끝나 버리게 됩니다.

　삶의 책을 제대로 맞이하는 순간 위대한 독자로 둔갑하게 되는 희열을 경험할 수 있습니다.

　아픔으로 소진되어 버리는 것이 아니라, 분리된 자아를 회복하고 새롭게 융합하는 것이 글의 힘이랍니다.

6장

회복의 첫발을 내딛는 당신에게

행복해서 울었으면 좋겠습니다.
행복은 넘침이 아니라
적당함에서 옵니다.

6

"저는 글자에 미친 사람입니다."

시간이 지나면 올해 글들은 자연스레 컴퓨터 휴지통이나 찾지 못할 정도로 뒷전으로 밀려날 것이 분명하기에 마지막 글은 편지 형태로 붙입니다.

가끔 읽지도 않으면서 시집을 이리저리 들고 다니면 아내가 볼멘소리를 하곤 합니다. 그래도 저는 실없이 히죽히죽 웃습니다. 글은 앞길 밝혀 주던 횃불이었고, 어지러운 마음속 없던 길도 내고 걸어가게 힘이 되어 주었습니다. 저에게는 글자가 길이었습니다.

글자 하나하나가 들숨이고 날숨이었습니다. 비명 없이 꼼짝도 않고 베개에 얼굴을 깊이 묻은 채 혼자 아침까지 울면서 누르고 눌렀던 고통…. 그 고통이 너무 깊어 갈수록 감정 없는 로봇처럼 되는 것이 무서워 더더욱 글자에 집착했던 것을 느낍니다. 글자의 목을 끌어안고 울면 따뜻하게 안아 주는 것을 느끼게 됩니다.

누구는 힘들 때 맥주 한잔 시원하게 들이키면 된다지만 밑바닥에 있는 슬픔은 꼼짝도 하지 않는 것을 알기에 그런 소리는 바람인 것을 알고 있습니다. 앞서간 삶보다 뒤에 남은 삶이 더 버거워 숨 고르고 걸음 늦춰서 마음 움직임에 템포를 맞춰 호흡을 진정시킵니다.

생각을 다 모아 봐도 어디쯤 와 있는지… 잘 살고 있는지… 알 길이 없을 때, 글자는 늘 삶의 지도가 되어 줍니다. 돈을 잡으면 차갑던 마음도 책을 잡으면 뜨거워집니다. 매일 마음을 달래 글자 아래 놓아두면 슬픔이 마음을 훔쳐 가지 않도록 눈을 감지 않고 지켜 줍니다.

마음 위에 쌓이는 먼지의 무게는 생각보다 무겁습니다. 제아무리 달음박질쳐도 끝내 닿을 수 없는 곳에 닿더라도 지나온 길이 다 무너져야만 시작되는 관계도 존재합니다. 가족 관계든 한 번 누군가와 약속한 관계든 마지막 배수진마저 무너질 것 같은… 결코 지금의 여기보다 더 허무할 수는 없을 것 같은 상황에서 글자는 생명수가 될 것입니다.

생각을 지탱하는 머리와 관계를 지탱하는 마음, 이 모두를 저울질하며 균형을 이루기 위해서는 글자 주위에 머물러야 합니다. 마음에 장마 탓으로 누수 현상이 오지 않도록 아침이든 저녁이든 글자와 만나야 합니다. 스트레스로 인해 사지가 이상하게 묶인 듯 꼼짝도 할 수가 없을 때도 글자가 명약입니다.

이미 잠은 달아나 어둠 속을 가만히 응시하는 문제가 나타나더라도 어디선가 빛을 알리는 종소리는 글과 글 사이에서 들을 수 있습니다. 딱딱해진 머리와 마음도 촉촉해집니다. 글을 읽지 않으면서 슬픔과 우울을 언급하는 것은 스스로가 상처에 소금을 뿌리는 것과 같습니다. 회복의 입구를 찾고 싶다면 매일 글자를 만나야 한다는 사실을 잊어서는 안 됩니다.

분주한 하루를 마친 저녁
허기진 마음을
깊은 쉼으로 채운다

몸도 마음도
어두움에 빼앗기지
않겠다고
약속하면서…

"강의에서, 저녁에 뭘 먹지 말라고 이야기하신 부분이 있었잖아요. 저는 그게 제일 안 되거든요. 일이 늦게 끝나서 매일 늦은 시간에 먹고 싶은 거 먹는 게 낙인데요."

"네. 저녁을 먹는 것만으로도 노화가 빨라지고 수명도 단축되기 때문에 강하게 이야기했었습니다."

몸이 마음이고 마음이 몸입니다.

저는 몸과 마음을 구분하지 않습니다. 머리가 쉬어야 할 시간에 몸이 밥을 먹으면, 몸도 쉬기 어렵지만, 머리도 같이 일을 해야 하니 죽을 맛일 겁니다. 특히 하루 종일 받은 스트레스 때문에 생겨나는 '심리적 허기(psychological hungry)'에 스스로가 무너지는 것입니다. 실제로 배가 고픈 것도 아닌데, 식욕 촉진 호르몬인 '그렐린(ghrelin)'이 작용하면서 먹지 말아야 할 저녁 시간에 치킨, 라면, 피자 등을 마구 먹게 되는 것입니다.

뇌는 우리를 자주 속입니다.

뇌의 속임수에 넘어가지 말아야 합니다. 스트레스 호르몬인 코르티솔을 없애는 방법은 음식이 아니라 오직 수면(sleep)밖에 없습니다. 수면 호르몬인 멜라토닌만 코르티솔을 씻어 낼 수 있는 힘이 있습니다. 하지만 뇌는 정상적인 길을 안내하는 것이 아니라, 지름길로 안내하면서 유혹에 빠지게 만들기도 합니다. 특히 저녁 시간이 삶에서 가장 중요한 시간입니다. 풀도 자고 나무도 자고 모든 동물도 잠을 자는 고요한 시간입니다. 이 시간에 유일하게 인간만 온 힘을 다해 유흥을 즐기기도 하고, 야식이라는 이름의 독을 흡입하는 것입니다. 이 모든 것들이 바로 뇌의 속임수입니다.

2022년 미국 텍사스대학교 신경과학과 빅토리오 아코스타 로드리게스(Victoria Acosta-Rodriguez) 교수팀은 〈초기 발병 칼로리 제한의 24시간 정렬은 수컷 C57BL/6J 마우스의 장수를 촉진한다(Circadian alignment of early onset caloric restriction promotes longevity in male C57BL/6J mice)〉라는 논문을 《Science》에 발표했습니다.

이 논문에서는 야행성인 생쥐가 양과 시간을 조절한 대조군 생쥐보다 35% 수명이 단축되었습니다. 특히 불규칙적으로 수면 시간에 음식을 먹은 쥐는 800일을 살았던 반면에 정상적으로 낮 시간에 음식을 섭취한 쥐는 1068일을 살았습니다. 이렇게 차이가 난 가장 큰 이유는 저녁에 음식을 섭취하면, 신체가 혈당을 조절하고 통제하는 능력을 방해받고, 수면을 취하면서 온몸이 이완될 수 있는 기회를 잃어버리기 때문입니다.

내 몸에 직접 넣는 음식만큼은 나의 선택권이 분명합니다.

한자로 '분명(分明)'은 나누다는 의미의 '분'과 밝다는 뜻의 '명'이 합쳐진 말입니다. 즉, 어둡고 밝은 두 영역을 나눈다는 뜻입니다. 음식도 어둡고 밝은 음식으로 나눠집니다. 내 몸을 어둡게 만드는 독과 같은 음식, 즉 어두울 때 먹는 음식과 패스트푸드(fast food)입니다. 반대로 밝은 음식은 낮에 먹는 음식과 슬로푸드(slow food)입니다. 저녁에 심리적 허기에 속지 않기 위해서는 분명한 삶의 기준이 서 있어야 합니다.

생각을 멈춘 고요함
나를 만나러 가는 시간

눈을 감고
아무 생각하지 않고 말하기

"사실 상담을 한 번도 받은 적이 없어요. 강의를 듣고, 지금이라도 상담을 받아 봐야겠다는 확신을 갖게 되었어요."

"감사드립니다. 상담을 다른 말로 '말하기 치료(talking cure)'라고도 하는데요. 드러내지 못했던 썩어 문드러진 감정을 말과 언어로 다 꺼내기만 해도 신체적 통증이 완화됩니다."

말은 양날의 칼과 같습니다.

심리적인 고통이 심해져서 몸의 통증으로 나타나는 것을 심리학에서는 '신체화(somatization)'라고 합니다. 반대로 시원하게 하고 싶은 말을 다 쏟아 내거나 글로 모든 것을 적어 내면서 몸의 통증이 사라지는 현상을 '승화(sublimation)'라고 합니다. 이처럼 인간에게는 말과 언어는 상처를 주기도 하지만 자신을 보호하고 회복시키는 양날의 칼과 같습니다.

약물 치료와 심리 치료는 시간의 차이가 존재합니다. 정확한 심리적 문제를 진단받아서 그에 맞는 약물을 복용하는 것은 가장 빠르고 정확하고 과학적으로 신체적 문제를 정상으로 회복시킬 수 있습니다. 하지만 약물 치료의 가장 큰 문제는 '관계(relation)'에서 생기는 반복되는 고통을 해결하지 못한다는 것입니다. 약이 몸에 들어가서 나의 신체는 회복이 되지만 밖에서 타인과의 관계에서 생기는 부정적인 자극에는 일일이 미세하게 대응할 수 없습니다.

심리 치료는 '관계 회복'을 목표로 합니다.

세 가지 관계를 회복하는 것입니다. 나와 나의 관계, 나와 가족의 관계 그리고 나와 타인의 관계입니다. 첫 번째, 살면서 단 한 번도 나의 몸과 생각, 감정을 관찰해 보거나 경청해 본 경험이 없는 이들이 많습니다. 예를 들면, 하루에 단 10분이라도 눈을 감고 아무 생각 하지 말고 이야기하도록 하면, 그냥 잠에 빠지거나 아니면 해야 할 일이 넘쳐 생각을 멈추는 것을 힘들어하는 이들이 대부분입니다. '잠자는 것'과 '멍 때리는 것'은 다른 일입니다. 몸과 생각이 같이 잠드는 것을 수면이라고 하고, 몸은 깨어났지만 머리는 휴식을 취하는 것이 '멍 때리는 것'입니다. 몸의 휴식도 중요하지만 생각을 멈추고 휴식을 주는 일이 중요한 것입니다. 이런 연습을 열심히 해야 자신과의 관계 회복이 시작되는 것입니다.

두 번째는 나와 가족의 관계입니다. 옆집 사람과의 대화에서는 모든 것을 자세히 설명하고 배려하지만, 오히려 가족과의 대화에서는 대충 이야기를 하거나 설명도 없이 감정적인 단어들만 전달해서 '무조건적인 공감'을 원하다 보니, 오해가 늘어나고 소통은 불통으로 변모해서 돌처럼 딱딱한 가족이 되는 것입니다. 이걸 깨트리기 위해서는 말과 말 사이에 최소 단위를 찾아서 전달하는 훈련이 필요합니다.

세 번째는 나와 타인의 관계입니다. 아침에 일어나서 가족의 얼굴을 보는 것은 작은 만남을 연습하는 것입니다. 아침에 반복적으로 불편하게 일어나는 경험은 누군가와의 만남에서 불편함을 가지도록 만듭니다. 집에서 가족과 떨어져 밖으로 나가는 행동은 작은 헤어짐을 연습하는 일입니다. 늘 집 밖으로 나올 때, 어두운 감정을 가지고 나간다면 타인과 헤어질 때도 이해되지 않는 슬픔이 온몸을 휘감아서 분리불안을 느끼게 되는 것입니다.

이러한 '모든 관계'를 회복하고 치료할 수 있는 것은 '심리 상담'이 가능케 해 주는 것입니다.

겹겹이 쌓인 겨울 같은 외로움에
봄에 대한 기대를 잃었다면

돌부리에 걸려 넘어진 해묵은 기억에
가려던 길을 잃었다면

매를 맞아 눈물 흘리는 상처에
내 마음을 잃었다면

떠나보냈던 생각과 감정을 찾아와
새로운 발자국을 남기는 연습을 하자

지독한 소외와 뼈아픈 고독을
자청하지 않도록
희망을 떠올리며
회복의 첫발을 디뎌 보자

"희망이 없어 보여요. 그래도 계속 살아야 할까요."

"마음에 눈이 내리고 얼어붙은 그 위에 또 눈이 쌓입니다. 겹겹이 쌓인 겨울 같은 마음은 봄에 대한 기대를 잃어버리기 쉽습니다. 희망을 잃어버린 상태. 회복은 바닥을 뚫고 올라올 힘을 상실합니다. 빛이 어둠에 묻혀 사라지는 것이 아니라 빛이 어둠을 뚫고 피어나는 희망이 되도록 결의를 다져야 합니다."

아픈 기억은 마치 다락방에 묻혀 있는 앨범 속 사진과 같아서 뒤지고 파헤치면 끄집어낼 수 있고, 그렇게 자주 발굴된 기억은 지금을 살아가고 있는 내 생각과 감정이 걸어가다가 길을 자주 잃어버리게 만드는 원인이 됩니다.

말끝을 '없어요, 힘들어요, 아파요'보다 '있어요, 편해요, 좋아요'로 변화시켜야 합니다.

상처, 두 글자 속에 참 많은 의미를 품고 가슴에서 사무칩니다. 이런 상처를 외면하고 회피하면서 살아가다 보면, 절벽에 매달리는 심정을 느끼게 됩니다. 타인과의 관계가 여명이라면 나 자신과의 관계는 일몰입니다. 둘 다 빛과 어둠이 교차하는 현상을 가집니다. 남들과의 관계에서는 잡아 주는 손길들도 많고 서로의 등에 한없이 기댈 수 있는 것처럼 느끼기 때문에 자연스레 서 있을 힘이 있어 보이지만, 결국 나 자신과 독대할 때는 스스로가 지독한 소외와 뼈아픈 고독을 자청해야 합니다.

스스로에게 생각과 감정의 유배를 보내고 황무지를 찾아가는 아픔을 멈춰야 합니다.

꽃은 열매를 맺으려 피지만 열매는 꽃을 피우려 익습니다. 서로가 서로를 위해 애쓰는 것입니다. 회복이 먼저냐 희망이 먼저냐. 그런 것 없습니다. 회복하려고 첫발을 디디는 것 자체가 희망을 갖는 것입니다. 또 희망을 떠올리는 것 자체가 회복의 첫 시작입니다.

해묵은 기억들이 돌부리에 걸려 넘어질 때가 있습니다. 묻어야 할 추억은 그냥 그대로 묻어 두어야 합니다. 전신으로 번져 간 치명적인 상처의 주름 때문에 눈물로 더듬어서 옛 그림자까지 찾는 나 자신의 모습을 멈춰야 합니다. 고였다 흩어지고 흐르다가도 변해 가는 부질없는 과거의 상처를 그리워하면 안 됩니다.

스스로에게 던지는 생각의 매를 맞아 흘리는 눈물로 또다시 상처가 기억에서 자라나지 않기 위해서라도 매일 새로운 발자국을 남기는 연습을 해야 합니다. 가장 쉬운 방법은 책을 읽는 것이고, 글자가 건네는 씨앗을 틔워 나무로 성장시키는 노력이 필요합니다. 희망을 가진 시간의 흐름과 노력은 상처의 돌을 뚫어 버릴 힘이 충분합니다.

꽁꽁 닫힌 생각과 마음에 건네는 미소
사막처럼 황량한 가슴에 건네는 웃음

나도 모르게
눈과 입이 열리는
최고의 발명품

"저는 힘들 때 코미디 프로그램이나 웃긴 드라마를 보는데요. 이것도 괜찮은 거지요?"

"촘촘히 짜내던 감정을 농담이나 웃음으로 승화시키는 것은 긴장했던 감정을 이완시키는 가장 좋은 방법 중 하나입니다."

의도적인 웃음은 인간만 가능합니다.

동물은 의식적인 웃음이 불가능합니다. 슬픔이라는 조금은 슬픈 감정의 단어는 마음 방 서랍 저 밑에 숨겨 둘 수 있어야 합니다. 그러기 위해서 부정적인 감정을 의식적으로 외면할 수 있는 방법은 의도적인 건강한 자극입니다. 힘든 감정을 과거 시제로 노래하고 새로운 긍정적인 감정을 미래 시제로 받아들이기 위해서라도 즐거운 영화나 드라마는 좋은 대상입니다. 코로나만 아니면 박물관과 미술관도 같은 맥락에서 좋은 자극제들입니다.

힘들 때는 생각 문도 마음 문도 모두 꽁꽁 닫아 두게 됩니다. 반대로 즐겁고 기쁠 때는 온 마음을 활짝 열고 눈도 열고 귀도 열고 입도 가장 크게 열어서 소리를 지릅니다. 나도 모르게 힘든 감정으로 닫았던 눈과 입을 열어 줄 수 있는 최고의 발명품은 '의미 있는 농담과 즐거운 대화'입니다.

구름과 달을 베끼면 우울해지고 별을 사랑해서 베끼면 꿈을 꾸게 됩니다. 그리고 태양과 하늘을 베끼면 가슴이 뜨거워져 한없이 흔들렸던 마음도 단단히 서게 합니다. 작고 즐거운 위트는 끝도 없이 웃음이 굴러 나오게 만듭니다. 밖에선 사막처럼 황량한 감정들이 밀려와도 내 안에서 쏟아지는 웃음과 함께하면 푸른 숲을 이룰 수 있습니다.

컴컴한 어둠 속에서 길을 찾아 제자리로 돌아오는 방법은 가능하면 글이 가장 좋고 그다음은 좋은 사람이 곁에 있는 것입니다. 또 코미디나 웃음을 주는 모든 것들이 다 회복 그 자체입니다.

겨울을 지나 봄으로 가는 풍경에서

뼛속까지 비워 수만 리를 나는 철새와
시련에 무릎 꿇지 않고
한겨울을 견뎌 낸 나무를 만났다네

겨울을 지나 봄으로 가는 풍경에서

촘촘히 엮인 슬픔의 기록들을 지워 내고
추위를 핑계로 웅크리던 몸을 일으켜
낯선 길을 걷고 있는 나와 만났다네

"추워서 어디 나가기도 힘들고, 몸이 좋지 않아서 그냥 집에만 있어요."

"추워서 밖에 못 나간다는 핑계도 먹히지 않는 계절이라 그렇습니다. 아직도 뼛속까지 얼리는 우울이나 슬픔의 차가운 품속에서 지구 끝까지 파고들 기세로 방 안에만 웅크리고 있지는 않은지 걱정입니다."

계절을 알리기 위해 부단히 노력하는 것들이 있습니다. 철새가 그리는 하늘이 그렇고, 나무와 꽃들이 그리는 풍경이 그러합니다. 계절의 머리와 꼬리를 구분하려고 온몸을 다해 표현합니다. 그들의 몸부림을 보면서, 여러분은 어떤 계절을 지나고 있는지 궁금해집니다. 철새로부터 뼛속까지 비워서 수만 리를 나는 지혜도 배우고, 한겨울을 견뎌 낸 나무로부터 시련에 무릎 꿇지 않는 의지도 배우면 좋겠습니다.

먼발치에서만 바라봤던 집 주변을 직접 걸어가 발로 느끼는 순간이 필요합니다. 단 몇 걸음만 내디뎌도 봄이 마중이라도 나온 듯 가까이 서 있을 것입니다. 흐린 마음도 봄 햇살을 받으면 보석처럼 빛납니다. 사람 심리가 참 이상한 것이, 며칠만 꾸준히 산책을 해도 몸은 적응을 합니다. 밤을 지나 또 아침이 되면 산책을 할 수 있지만, 당장 하지 못하면 어디 아프기라도 할 것처럼 안달이 나고 맙니다. 매일 보는 집 안 풍경이 아니라 살아 꿈틀대는 꽃과 나무 그리고 하늘을 보며 심장은 감동으로 거칠게 뜁니다.

산책이나 간단히 걷는 것만으로도 삶이 얼마나 풍요롭게 되는지 시간이 흐른 뒤에야 비로소 알게 됩니다.

2020년 12월 코로나가 주인공인 시기에 미국 캘리포니아대학교 연구진은 〈큰 웃음, 작은 자아: 감탄하면서 산책하는 것은 성인들에게 친사회적 긍정 감정을 향상시킵니다(Big smile, small self: Awe walks promote prosocial positive emotions in older adults)〉라는 논문을 발표했습니다. 이 연구에서는 남녀 60명을 두 그룹으로 나눠서 매주 한 번씩 산책을 하도록 했습니다. 시간은 15분 정도였고, 걸으면서 셀카를 찍게 했습니다. 두 그룹의 다른 점은 바로 산책하는 장소였습니다. 한 그룹은 같은 길을 걷게 하고, 다른 그룹은 매번 새로운 길을 걷도록 했습니다.

8주 동안 참가자들이 산책하면서 얼마나 기분이 좋아졌는지, 자연의 아름다움을 느꼈는지, 또는 비에 젖은 땅의 촉감이 폭신했는지 등을 기록하게 했습니다. 특히 산책을 한 날과 하지 않은 날 감정이 어떻게 다른지도 기록하게 했습니다. 실험 결과, 매번 같은 길을 걸었던 참가자들보다 새로운 길을 걸었던 참가자들은 우울이나 불안과 같은 부정적인 감정이 더 감소했고, 기쁨, 연민, 감사 등과 같은 긍정적인 감정이 훨씬 큰 것을 확인했습니다.

집 안에만 있으면 마음에 얹힌 무게를 덜어 내지 못해 새롭게 눈에 들어오는 것이 없어집니다. 우울은 그물처럼 촘촘하게 엮여 있어 몸이 편하게 움직이지 못하게 만듭니다. 힘겹게라도 발길을 옮겨서 밖으로 나가면 여전히 마음에 비가 내린다 해도 생각 한편에 굳은 의지를 걸어 둘 힘이 생깁니다. 고향 집에서 오래전 잊힌 물건을 찾은 것처럼, 새로운 시선을 마주치는 순간도 전율 같은 게 온몸을 훑어서 특별한 감정을 선물합니다. 애틋함과 반가움이 겹친 새로운 감정일 것입니다.

하루를 시작하는 아침
느닷없이 안개 나라에 떨어져
우두커니 서 있다

긍정의 씨앗들아!
온몸을 기지개 펴서
내게로 달려와 다오

혈관을 타고 심장으로 헤엄쳐
불멸의 꽃 한 송이 피워 다오

"행복해서 울었으면 좋겠습니다."

"선택을 받지 못해 마음 서랍 안에 갇힌 채로 울고 있는 긍정을 선택하는 매일 아침이어야 합니다."

   매일 아침. 처음 눈을 뜨는 순간. 처음으로 들리는 소리. 처음으로 느껴지는 감정. 이 순간들은 무엇이든 가득 채우고 또 한없이 비우기도 하는 선택의 기로입니다. 먼저 지나간 눈길의 발자국은 감정이 걸어가야 하는 길입니다. 그 순간의 선택이 온몸의 감정 풍경을 데려와 내 앞에 펼쳐 보입니다. 그런 순간, 걷잡을 수 없는 여행 욕구에 시달리기 시작합니다.

2020년 9월 미국 텍사스대학교 심리학과 교수인 제임스 페니베이커(James Pennebaker)의 지휘 아래 피츠버그대학교와 텍사스대학교의 공동 연구를 통해 〈고통과 정신 건강에 대한 마음의 창으로서 드러나는 자연스러운 감정 어휘들(Natural emotion vocabularies as windows on distress and well-being)〉이라는 논문을 《Nature Communications》에 발표했습니다.

이 연구에서는 사람들이 자주 사용하는 감정 어휘가 정신적 건강과 신체적 건강에 미치는 영향을 분석했습니다. 연구팀은 3만 5천 개의 개인 블로그를 살폈습니다. 또 블로거들이 작성한 1만 5천여 편의 글을 분석했습니다. 또한 이들에게 기간을 일정하게 정해서 기분이 어떤지 글로 기록해 제출하도록 했습니다.

연구 결과, 부정적인 단어를 넓은 범위로 사용하는 사람들은 신경증과 우울에 시달릴 가능성이 높은 것으로 나타났습니다. 반대로 긍정적인 단어를 폭넓고 풍부하게 사용하는 이들은 직장 생활도 성실하게 임하고 여가 활동도 적극적으로 참여하는 모습을 나타냈습니다. 당연히 신체적 건강도 높았습니다.

먹먹한 경험을 한 이들은 자신이 바라본 세상을 묘사하기 위해 부정적인 단어를 더 열심히 찾았을 가능성이 큽니다. 그 부정적인 단어는 눈길 손길 발길을 타고 전신에 퍼지는 파열음이 됩니다. 부정이 온몸에 퍼진 후, 아무리 비우려 몸부림쳐 봐도 비우지 못한 채 희망을 향한 그리움의 그러데이션은 여전히 짙은 색을 유지합니다.

티베트 속담에 '충분히 갖고 있다고 느끼는 사람이 부자다.'라는 말이 있습니다. 행복은 넘침이 아니라 적당함에서 옵니다. 불행은 적당함이라는 단어에 문외한이지만, 행복은 전문가입니다. 한숨을 내려놓고 스스로 감정의 밭을 일궈서 긍정의 씨앗을 파종해야 합니다. 어질러진 마음 정원을 잘 가꾸는 하루가 되면 좋겠습니다.

Epilogue

　유난히 무덥고 길었던 여름, 심리학으로 나를 만나고 이해하는 순간들로 행복했습니다.
　그 벅찬 마음들을 시로 담아내는 작업은 보석 같은 시간이었습니다.

　하루도 빠짐없이 나에게 찾아드는 생각과 감정으로 힘든 날을 보내지 않았으면 좋겠습니다.

　우리가 가진 생각이 우리 삶의 가장 중요한 사건입니다. 그밖에 다른 것들은 단지 우리가 삶을 살아가는 동안 불어 가는 바람이 쓰는 일기에 불과합니다. 생각을 열고 내 삶에 회복할 수 있다는 기적을 담으면 좋겠습니다.

　《시와 심리학이 만나다》에 담은 40편의 글이 독자들에게 숨통이자 치유이며 친구가 될 것입니다. 숨을 쉬어야 살 수 있듯이, 책을 읽고 글과 마주하는 순간에 여러분 마음의 숨통이 열려 '회복'의 첫발을 내딛는 힘과 용기의 언어들이 되기를 바라 봅니다.

매일 걸어가는 발자국마다 쌓이고 쌓인 회복이라는 글자가 심장까지 올라와 뛸 때마다 내가 나를 사랑하고 있다는 확신을 만나게 될 것입니다. 단 한 번도 보지 못했던 새로운 나를 만나서 괴로웠던 과거의 나와 단호하게 헤어지는 지혜의 바람이 피어오르기를 기도합니다.

이재연, 조주희